Flüssig lesen lernen 4

Für das Üben im Unterricht und in Fördergruppen

Dr. Gero Tacke

Ernst Klett Verlag
Stuttgart · Leipzig

„Flüssig lesen lernen" gibt es auch für das Üben zu Hause. Die beiden Fassungen, deren Lerninhalte identisch sind, können sowohl parallel als auch unabhängig voneinander eingesetzt werden. Der Unterschied der beiden Hefte besteht darin, dass sie für verschiedene Lernsituationen aufbereitet sind: in der vorliegenden Fassung für den Unterricht in der Klasse oder in der Fördergruppe und in der Version für das Üben zu Hause für das einzelne Kind, das von einer begleitenden Person (z. B. Mutter oder Vater) zu Hause betreut wird.

Nachdem die Schüler das vorliegende Heft bearbeitet haben, können sie mit dem Schülerleseheft fortfahren. Dieses enthält mehrere kurze, spannende Geschichten, die die Lesemotivation fördern.

Der Verfasser der Reihe „Flüssig lesen lernen", der Schulpsychologe Dr. Gero Tacke, hat neben dieser Reihe eine Vielzahl von Übungsmaterialien zur Lese- und Rechtschreibförderung entwickelt. Informationen zu seinen (auch wissenschaftlichen) Arbeiten finden Sie im Internet: www.leserechtschreibfoerderung.de

HINWEIS

Für Schüler, die gerne am Computer lernen, gibt es eine passende Software. Informationen dazu finden Sie unter folgender Adresse: www.lesikus.com

1. Auflage 1 9 8 7 6 5 | 26 25 24 23 22

Autor: Dr. Gero Tacke

Redaktion: Ute Erben
Herstellung: Antje Heusing, Bianca König

Gestaltung: kognito gestaltung, Berlin
Illustrationen: Hendrik Kranenberg, Drolshagen, Ute Ohlms, Braunschweig
Satz: fotosatz griesheim GmbH, Griesheim
Druck: AZ Druck und Datentechnik GmbH, Kempten/Allgäu

Printed in Germany
ISBN 978-3-12-006645-3

Inhaltsverzeichnis

Kapitel 1: **Silben 1**

1 In Silben lesen

Gärtner ernten Gurken.
Schüler malen Bilder.
Bäume haben Wurzeln.
Tischler bauen Möbel.
Schäfer hüten Schafe.
Rinder haben Hörner.
Hemden haben Knöpfe.
Frauen tragen Kleider.
Jäger jagen Hasen.
Kinder spielen gerne.

2 Silbenrätsel

Beispiel:

fen	weg	lau
3	1	2

nest	gel	Vo

he	auf	ben

len	der	Ka

kau	ein	fen

be	gen	we

den	Stun	plan

nung	fer	Ent

müt	ge	lich

be	ßen	grü

Silben schwingen

1. Silbe: *le* **2. Silbe:** *sen*

Bild 1 Bild 2 Bild 3 Bild 4 Bild 5 Bild 6

3 In Silben lesen

Herr Niebel
war Kapitän
auf einem großen Schiff.
Oft erzählt er
von seinen Reisen.
Einmal hat
sein Schiff
in einem schweren Sturm
fast ein anderes Schiff gerammt.
Herr Niebel
erkannte sofort
die Gefahr.
Mit einer langen Stange
stieß er
das andere Schiff weg.
So verhinderte er
einen schweren Unfall.
Ich frage mich,
ob Herr Niebel
nicht manchmal
ein wenig schwindelt.

4 Silbenbögen zeichnen

Beispiel: a u f l a d e n

H ö f l i c h k e i t   v e r s c h l a f e n   F a r b e

E i s b e i n   M u r m e l t i e r   h u n d e m ü d e

R i e s e n g e b i r g e   a n r u f e n   H a f e n

a u f e i n a n d e r s t a p e l n   B a u k a s t e n

5 Ein Wort passt nicht

1. Morgen früh muss ich noch die Tafelkreide gießen.
2. Nach der Arbeit waren die Schienbeine müde.
3. Er wäscht sich mit einem Stück Pechvogel die Hände.
4. Simon zog sich heute Morgen seine neue Lampe an.
5. Eifrig bügeln die Frauen die Nasen ihrer Kinder.
6. Im Zoo standen die Hasen vor dem Löwenkäfig.

6 Erfundene Wörter lesen

Folerbiech, euspotiefen, luterpägen, Ranterhaler, biechpeufen, Nochtagel, Högeblunter, abgefogen, Stupenkaute, omgepausen, hinderpur, Pugersogen, hichworken, Talenguntel, Knieshülter, gefaumsin

7 Wie viele Silben?

Beispiel:

Heiserkeit	+	Kinderwagen	3	+	4	=	7
gegenseitig	+	Friedenstaube		+		=	
Fußbodenheizung	–	erscheinen		–		=	
notwendig	·	Lokomotive		·		=	
Sägespäne	–	Laternenpfahl		–		=	
Haustiere	+	Gartenschere		+		=	
angeschaltet	·	Filtertüte		·		=	
Lederhosenknöpfe	–	Möwennester		–		=	

8 So ein Quatsch

Warum ist die Banane krumm?
Weil niemand in den Urwald zog
und die Banane gerade bog.

Warum ist die Banane krumm?
Wenn die Banane gerade wär‘,
dann wär‘ sie keine Banane mehr.

9 Eine kleine Geschichte

Was ist
eine Rapunzel?
Daniel hat
keine Ahnung.
Er fragt
seinen Freund Moritz.
Aber der
weiß es
auch nicht.
Moritz fragt
seinen großen Bruder.
Doch auch der
hat noch nie etwas
von einer Rapunzel gehört.
Schließlich geht Daniel
zu seinen Eltern.
Sein Vater meint:
„Genau weiß ich es
auch nicht.
Schauen wir
doch mal
im Internet nach.“
Bald haben
Daniel und sein Vater
die Lösung gefunden.

10 Das Silbenspiel

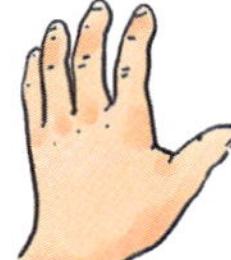

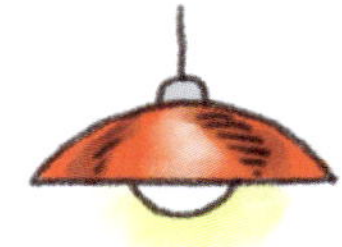

Start		Rübenfelder	verschenken	umgegraben
Wiesenblumen	abgewogen	Gepäckträger	hinterherlaufen	Bienenhonig
Kürbiskerne	ausleuchten	Nachtischobst	bevorzugen	Puderdose
Balkongeländer	eingeschaltet	aufpumpen	Vogelkäfige	Einbahnstraße
Segelflugzeug	hochgeworfen	Holzschraube	undeutlich	Pusteblume
Ziel		ausgerechnet	Laubfrosch	Kneifzange

Kapitel 2: **Mitlauthäufungen am Silbenanfang**

Gras flach Strich

1 Vokale

a e i o u ä ö ü

2 Konsonanten am Silbenanfang

Beispiel:

Schnur	Schn	u	r
Brot			
Tor			
frech			
spät			
Glas			
schräg			
Spaß			
Flur			
Schal			
schmal			

3 Zuerst als Ganzes, dann in Silben und wieder als Ganzes

Gegenteil, Häkelnadel, Kabelsalat, angeschoben, Einkaufsbeutel, beiseitelegen, Hundertmeterläufer

4 Echte und erfundene Wörter lesen

Gemüsegarten, branlich, hochheben, Kinderwagen, Posernülen, mifgepragen, Schurtisflan, bestrafen, Blumensamen, Fledermäuse, Kriefenstreibergat, Pfeife, Geschwindigkeit, Klünhopter, Kabel, Hubschrauberpilot

5 Silbenbögen zeichnen

G r a s h ü p f e r   m u t i g   z u g e k l e b t

P l a s t i k t ü t e n   S c h l a f a n z u g h o s e n

T i e r f r e u n d   a u s g r a b e n   d r e i ß i g

u n g l e i c h m ä ß i g   e i n g e s c h l a f e n

6 Silben mit „st“

Steckdose, Maiglöckchen, Heuschnupfen, anständig, Segelflugzeuge, verschwinden, Kieselsteine, wiegen, Brotscheibe, Straßenseite, aufstapeln, Stubenfliege, erfreulich, Streichholzschachtel, friedlich, Besenstiel

7 Das Silbenrennen

tru	schwo	kne	zwa
brö	pli	stre	blü
krä	flu	gra	pre
schri	pflö	fre	bra
glä	tra	schmi	kla
knö	dru	zwä	schlo
plu	stru	kno	grö
trü	schni	fra	bre

Fehler: ....

Lesezeit: ....

8 Erfundene Wörter lesen

fleichnaltig, Prientrufer, bekneiten, erplauren, Krantejoler, zutamenschreuken, Naufenblurtezei, eufgeschlurten, Blömerfirnen, aunverschnöpen, Frotensgriene, Geschrundigschauf, abgestrielen, Krefelmunker, hinwungschwarsen, Pleimenmalbrau

9 Vokale

au	ei	eu	äu

10 Konsonanten am Silbenanfang

breit				Kreuz			
Schaum				Streit			
schief				klein			
Preis				braun			
Schwein				Kraut			

11 Achtung aufgepasst: Silben mit „sp“

Dankbarkeit, einschüchtern, freundlich, aufspüren, Bewunderung, federleicht, Spiegel, festgeschraubt, Gemüsehändler, hingelaufen, irgendetwas, Kälbchen, Kleiderbügel, Weitsprung, unaufmerksam, Kochtopf, Sägespäne, aufgeschlagen, Würfelspiele, Stricknadel, freihändig, geheimnisvoll, verschwinden, wunderbar, Verspätung, einschalten, Blinklicht, Kleiderschrank, beschmieren, Schönschrift, Dickkopf, beneidenswert, endgültig, Sparbuch, entfernen, Knödel, Geizhals, Handtuchhalter, Kornblumen, Liederbuch, Spielzeug, verwandeln, ungeduldig, Ansichtskarte, betrachten

12 Wo ist die Silbe?

sei	1	2	~~3~~	4					
de	1	2	3	4	de	1	2	3	4
er	1	2	3	4	ab	1	2	3	4
ger	1	2	3	4	kör	1	2	3	4
fe	1	2	3	4	ge	1	2	3	4
wor	1	2	3	4	ter	1	2	3	4
se	1	2	3	4	der	1	2	3	4
trä	1	2	3	4	ten	1	2	3	4

13 Silben und Silbenanfänge

Beispiel: G r a b e n

a n k r e u z e n   P r a l i n e n s c h a c h t e l

k l e b r i g   v e r s c h n a u f e n   u m g r a b e n

S t r i c k n a d e l   K r a n k e n s c h w e s t e r

Z e b r a s t r e i f e n   a b f l i e g e n   f r a g e n

14 Zuerst als Ganzes, dann in Silben und wieder als Ganzes

Straßenkreuzung, zerschlagen, Spiegelbilder, Geflügel, aufgeschrieben, Klinikgebäude, Aufzugtür, Halbinsel, Kanarienvogel, weiterlaufen, Fensterscheibe, Kindergarten

15 Eine kleine Geschichte

Lorena und Franziska • möchten gerne verreisen. • Sie überlegen, • wohin es • gehen soll. • „Ich bin • für Frankreich“, • sagt Lorena.“

„Aber ich • kann doch • kein Französisch“, • meint Franziska, • „und du • auch nicht. • Aber wie • wäre es • mit Australien?“

„Ich bin dabei!“, • ruft Lorena. • „Dort sprechen • die Leute Englisch. • Das haben • wir schon • in der ersten Klasse gelernt.“

„Zuerst muss • ich noch • etwas mehr Geld sparen“, • sagt Franziska. • „Aber lange • kann es • nicht mehr dauern.“

„Wie viel • hast du • denn schon gespart?“, • fragt Lorena.

„Elf Euro • und fünfzehn Cent“, • antwortet Franziska.

„Das ist • eine Menge Geld“, • meint Lorena. • „Dann kann • es wirklich • nicht mehr • lange dauern.“

16 Achtung aufgepasst: Silben mit „pf“

anständig, Weißbrotscheibe, kleben, Pfirsichkerne, einverstanden, Torpfosten, Feldmäuschen, Flügel, Trampelpfad, beschmieren, Kiesgrube, Reitpferd, Lehmklumpen, Brotkruste, Reisbrei, Pfingstausflug, Schlafanzug, Brieftauben, Backpflaumen, Zwiebel

Kapitel 3: **Mitlauthäufungen am Silbenende**

Wunsch kurz Gips

1 Vokale aufschreiben

2 Konsonanten am Silbenende

Mond				kalt			
Hirsch				gelb			
Wurm				dicht			
links				Helm			
Senf				falsch			

3 Sinnlose Wörter erfinden

B___rz T___lm p___lt___cht F___rnf___sch

h___lp___rg M___rschk___n z___g___lf___nd

P___ndspr___ne k___nchg___l j___rkw___p___ng

B___chtl___md Z___k___rt___rb sch___m___ln

H___ngf___ren Str___p___nr___ft b___zw___k___ln

Kamm, herrlich, Zufall

4 Silben, die mit denselben Mitlauten enden

Stoff, humpeln, Laubwälder, Nase, Kirchturmuhr, dünn, merkwürdig, Pünktlichkeit, satt, Bärenfell, Sandkasten, absichtlich, Mittwoch, Dachfenster, Birnbaumwurzeln, Federball, endgültig, Unsinn

5 Zuerst als Ganzes, dann in Silben und wieder als Ganzes

Fluchtwege, Gemüsehändler, festgebunden, Elfmeterpunkt, Hamsterkäfig, Kleiderständer, Lichtschalter, Ansichtskarte, Bösewichter, Schreihälse, durcheinanderwerfen, Namenstag

6 Ein Wort passt nicht

1. Die Kinder lagen mit Fieber im Handschuhfach.
2. Der Autofahrer hielt an der Nähnadel.
3. Menschen ernähren sich hauptsächlich von Heu.
4. Seine Freunde arbeiten in einer Fensterscheibe.
5. Mit einer Tomate kann man zum Mond fliegen.
6. Sie klebte eine Briefmarke auf den Hinterkopf.

hinten, Bahn, abholen, wohnen

7 Silben mit „h“

Hälfte, fehlen, absichtlich, befördern, Fernglas, anhalten, Gastwirtschaft, Herbstblumen, gewöhnlich, Lampenschirm, kugelrund, Schornsteinfeger, Frühstück, herzlich, sondern, vernünftig, Ausnahme, Regenwurm, Bösewichter, Hering, entgegengehen, behandeln, erleichtert, flechten, erzählen

8 Silben und Silbenenden

Beispiel: h a n d e l n

H e r z l i c h k e i t   n e b e n   P u r z e l b a u m

S t r a ß e n l a t e r n e   F e l s e n   g e s u n d

H a l s b a n d   D o s e   M e n s c h l i c h k e i t

k l i m p e r n   H a l b m o n d   L e u c h t t u r m

w e g g e w o r f e n   D i e n s t a g   E i g e l b

S c h i l d k r ö t e n   u n g e r e c h t   G e d u l d

Sack, trocknen, Unglück

9 Silbenenden einsetzen

ck, ck, ck, ck, ck, ck, f, ft, ln, pf, ld, nd, rn, rch, rst, chts

Schre______ beförde______ Filzsti______ einze______

Fu______büro Pä______chen Ge______schein

Frühstü______ Ansi______karte Boxkam______

Rü______sicht zurü______ Leberwu______

du______sichtig Beru______ Geschma______

10 Das Silbenrennen

ölb	eft	irsch	amst
erkt	ärps	arst	ucht
onk	ibsch	anft	ons
ikt	usk	önst	ilm
umk	empf	afz	irk
ülf	ämt	ibst	elg
öchz	erg	amps	egt
ürs	imsch	ert	ong

Fehler: ....

Lesezeit: ....

Satz, plötzlich, Gesetz

11 Silben mit „tz" in echten und erfundenen Wörtern

Absatz, Hirschgeweih, gezupolden, Gelbsucht, Klaufnald, Hamsterräder, nützlich, entbelutzlich, Kirschbaumzweige, Lichtschalter, Parkplatz, Maulwurfshügel, erschneiten, Metzger, Pauzungsteiniger, verluntern, Schwindelei, Schatzkarte, Blitzlicht, Arbeitslosigkeit, Naturschutzpark

12 Zuerst als Ganzes, dann in Silben und wieder als Ganzes

Ringkampf, Minigolfplatz, Selbstbedienung, Geisterbahn, Krankenschwester, Paprikaschoten, beispielsweise

13 Wie viele Silben?

Margarine	+	Salamander		4	+	4	=	8
Aufenthaltsraum	–	umgegraben			–		=	
Vogelschutzgebiet	·	bewundernswert			·		=	
Hustensaft	·	Flugzeugträger			·		=	
Weltmeisterschaft	–	irgendwie			–		=	
Schokoladentorte	+	Patentante			+		=	

Kapitel 4: Mitlauthäufungen am Silbenanfang und am Silbenende

Kraft, schwarz, Gespenst

1 Konsonanten am Silbenanfang und am Silbenende

Zwerg				blond			
stolz				Kranz			
Pfund				schlank			
Stern				fremd			
Knopf				Glanz			

2 So ein Quatsch

Ein Stinktier saß auf einer Bank und stank.
Es hatte keine Eile
und stank aus Langeweile.
Die Sonne war schon längst versunken,
da hat es immer noch gestunken.

3 Wo ist die Silbe?

tig	1	2	3	4	be	1	2	3	4
fen	1	2	3	4	ler	1	2	3	4
ße	1	2	3	4	jau	1	2	3	4
gelt	1	2	3	4	dig	1	2	3	4
ver	1	2	3	4	bo	1	2	3	4
ge	1	2	3	4	se	1	2	3	4
fel	1	2	3	4	de	1	2	3	4

4 Silben und Silbenteile

Beispiel: F r e u n d s c h a f t

K l e i d e r s c h r a n k   f r e u n d l i c h   k n o b e l n

S c h a u k e l p f e r d   N a c h t g e s p e n s t e r

N o t a u s g a n g   O b s t k o r b   R i c h t u n g

w e g g e f l o g e n   G e g e n d   W e l t r e k o r d

5 Eine kleine Geschichte

Luka soll sein Zimmer **aufräumen**. **Natürlich** hat er keine Lust dazu. Ganz langsam legt er ein **Spielzeugauto** in eine **Schachtel**.

Dann will er seine Mütze vom **Fußboden** aufheben. Doch da fällt sein Blick auf ein Buch. Luka nimmt es und setzt sich auf den Boden. Er fängt an zu blättern und schaut sich einige Bilder an. Das dauert.

Nach einiger Zeit ruft seine Mutter aus der Küche: „Bist du bald fertig?“

„Ja gleich!“, ruft Luka zurück.

Jetzt will er seine **Eisenbahn aufräumen**. Aber vorher möchte er sie noch einmal laufen lassen. Er schaltet den **Transformator** ein. Aber die **Lokomotive** bewegt sich nicht.

„Das gibt es doch nicht“, brummt Luka.

Er steht auf und holt sich einen **Schraubendreher**. **Vorsichtig** löst er eine Schraube. Er legt sie **beiseite**. Dann kommt die nächste Schraube dran. Und dann noch ein paar mehr.

Luka denkt: „Ich muss mir merken, wohin jede Schraube gehört.“

„Wie sieht es aus?“, fragt seine Mutter wieder aus der Küche.

„**Kompliziert**“, ruft Luka zurück, „sehr **kompliziert**.“

6 Das Silbenspiel

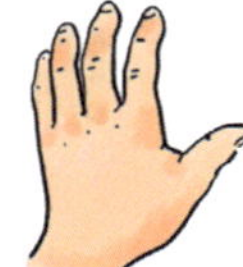

Start		unterschiedlich	abbeißen	Häkeldeckchen
Dorfkirche	Heftpflaster	Baumstumpf	Kindersendung	Fließbandarbeit
Landstraße	Pflastersteine	aufgestanden	Elternvertreter	Raketenantrieb
Maiskolben	Geburtstagsfest	abgelenkt	Düsenflugzeug	nachschlagen
klebenbleiben	Begeisterung	einigermaßen	Finsternis	Lastkraftwagen
Ziel		Adventskranz	Radieschen	Schokoriegel

7 So ein Quatsch

Ein Huhn, das fraß, man glaubt es kaum,
die Blätter von 'nem Gummibaum.
Dann ging es in den Hühnerstall
und legte einen Gummiball.

Da sprach der Scheich zum Emir: „Geh'n wir!"
Da sprach der Emir zum Scheich: „Gleich."

Kräht der Hahn auf dem Mist,
ändert sich das Wetter
oder es bleibt, wie es ist.

8 Wie viele Silben?

Gemüseladen	+	vorwerfen		+		=	
wegjagen	–	Weinberg		–		=	
Geburtstagsgeschenke	–	Zahnbürste		–		=	
abgekämpft	·	Schreibtisch		·		=	
Anwesenheit	–	Kamerad		–		=	
nebenan	+	Sackhüpfen		+		=	
Omnibusfahrer	·	Zeitungsleser		·		=	
Apfelsinenschale	·	eingeladen		·		=	

9 Das Silbenrennen

brolm	knulst	schlird	pfröns
splenz	transch	zwolg	klärf
glesk	knirb	frelch	pfrulz
schwikt	draft	strünft	prütz
glirm	trünk	schnelg	klipf
dronkt	krops	pleuft	flurk
pfleng	gnärch	spralch	trerf

Fehler: ....

Lesezeit: ....

10 Silbenrätsel

dig	frei	hän

dul	dig	ge

wer	Hand	ker

Koch	fe	töp

eis	beer	Erd

gin	Kö	ni

nach	ken	den

ten	Sand	kas

rut	schen	ab

Kapitel 5: **Silben 2**

arm, umsonst, verändern

1 Silben mit und ohne Mitlaute am Anfang

Beispiele:

ernst	-	e	rnst
Wald	W	a	ld
oft			
Kraft			
Ring			
echt			
krank			
nichts			
Arzt			
Luft			
Glas			
Arm			

2 Zuerst als Ganzes, dann in Silben und wieder als Ganzes

abgeholzt, Gleichgewicht, Langschläfer, Wintermantel, Hamsterkäfig, Erdteil, Straßenschilder, Laubsägearbeiten, niedergeschlagen, Distelfink, Mauseloch, keineswegs

3 Eine kleine Geschichte

So ein Pech • wie heute • habe ich • noch nie gehabt. • Gleich am Morgen • habe ich **verschlafen**. • Als ich • dann endlich • **aufgewacht** bin, • konnte ich • meinen linken Arm • nicht bewegen. • Er war **eingeschlafen**. • Deswegen dauerte es • **besonders** lange, • bis ich mich • **angezogen** hatte.

Beim **Frühstück** • ist mir dann • ein Brot • mit Honig • aus der Hand **gerutscht**. • Es landete • auf der Hose • meines Vaters.

Auf dem Weg • zur Schule • bin ich • mit dem **Fahrrad gestürzt**. • **Daraufhin** musste • ich wieder • nach Hause fahren. • Denn in meiner Hose • war ein riesiges Loch.

Zu Hause • habe ich mich • schnell **umgezogen**. • **Trotzdem** bin ich • eine halbe Stunde • zu spät • zur Schule gekommen.

Doch nach • der Schule • ging es • mit meinem Pech • erst richtig los. • Ein Reifen • meines **Fahrrads** • war platt. • Ich habe • den Reifen geflickt. • Dann bin ich losgefahren. • Aber **unterwegs** • entwich die Luft • wieder aus dem Reifen. • So musste ich • das **Fahrrad** schieben.

Nach einiger Zeit • fing es • **fürchterlich** an zu regnen. • Da merkte ich, • dass ich • meinen **Anorak** • in der Schule • vergessen hatte. • Bald war ich • völlig **durchnässt**.

Zu Hause • zog ich mich • dann noch • einmal um. • **Anschließend** warf • ich mich • völlig **erschöpft** • auf ein Sofa. • Leider habe ich • nicht **beachtet**, • dass dort • eine **Sahnetorte** lag. • Ich weiß nicht, • wer sie • da hingelegt hat. • **Jedenfalls** ist sie • jetzt platt • wie eine **Briefmarke**. • Ich bin **gespannt**, • wie der Tag • noch **weitergeht**.

da, Büro, drei

4 Silben mit oder ohne Mitlaute am Anfang oder am Ende

1	Grießbrei	2	Obstsalat	3	Filmkamera
4	Angelleine	5	Tierfoto	6	abgeflogen
7	umändern	8	eifersüchtig	9	Bahnschranke
10	oftmals	11	Papagei	12	empfehlenswert
13	Reisebüro	14	ungeduldig	15	abschneiden

5 Silben und Silbenteile

Beispiele: b l a u   e n t l a n g

S p i e l z e u g a u t o   A f r i k a   v e r r e i s e n

e i g e n t l i c h   B l o c k f l ö t e   o r d e n t l i c h

n i r g e n d w o   E u l e n n e s t e r   A n s a g e

B a h n s c h r a n k e n   l i l a   O s t e r h a s e n

E i n z e l t e i l e   e i n k a u f e n   ä n g s t l i c h

6 Wie viele Silben?

Flughafeneingang	–	abgehalten		–		=	
Briefumschläge	·	Jägerhochsitz		·		=	
Notausgang	+	rechthaberisch		+		=	
Schimpansengehege	–	anklopfen		–		=	
rücksichtslos	+	Dromedar		+		=	
Frühstückspause	·	Haselnussschokolade		·		=	
Laubwälder	+	Pampelmuse		+		=	

7 Echte und erfundene Wörter

schwindelfrei, Plönzerin, telefonieren, Dankbarkeit
unerkleflich, Vergesslichkeit, dunkelblau, mindestens
Bewunderung, paufernörzig, Einbildung, natbreifen
Hagelkörner, Lampftulz, Mabonenschlung, Kapitän
niedergeschlagen, Schäferhunde, unbequem, zukräfen

8 So ein Quatsch

Ich wollt', ich wär' ein Huhn.
Ich hätt' nicht viel zu tun.
Ich legte jeden Tag ein Ei,
und sonntags auch mal zwei.

hoffen, Himmel, anknurren

9 Wörter mit verdoppelten Mitlauten

doppelt, Obstschale, Vormittag, Erdbeermarmelade, Pfarrer, verbessern, Adlernester, Zeugnisausgabe, Butterblume, Kühlschrank, kippen, Donnerstag, Bewölkung, Riesenrad, wahrscheinlich, unbedingt, Autoschlüssel, Kaffeekanne

10 Wörter schreiben

Beispiel:

einsperren	-	ei	n	sp	e	r	r	e	n
auslöffeln									
Mittelpunkt									
Briefmarke									
gewinnen									

11 Zuerst als Ganzes, dann in Silben und wieder als Ganzes

Salatschüssel, vermeiden, liebenswürdig, Magenschmerzen, Wunschzettel, entgegen, Wohnzimmerteppich, Persönlichkeit, Wetterumschwung, Schaukelstühle, Grippewelle, Bratpfanne, Tafelkreide, Kartoffelkäfer, Selbstbedienung, verbessern

12 Wo ist die Silbe?

ge	1	2	3	4	5	meis	1	2	3	4	5
schei	1	2	3	4	5	ten	1	2	3	4	5
gar	1	2	3	4	5	pier	1	2	3	4	5
bü	1	2	3	4	5	ver	1	2	3	4	5
ein	1	2	3	4	5	ge	1	2	3	4	5
lauf	1	2	3	4	5	stra	1	2	3	4	5
schul	1	2	3	4	5	scha	1	2	3	4	5

13 Sätze mit erfundenen Wörtern lesen

1. **Faum Nölker schneifen mul Kniebermonst.**
2. **Frunke Plotten schmärneln guhr lenter.**
3. **Knöter furgt sölch aune Preube Krifone eifs Bolerstrut.**
4. **Lie Grönder strolfen pilch munt Lafenbarzen.**
5. **Olch krume mil grünf Poffel Zälger inf doln Plirkenschlarz.**

14 Das Silbenspiel

   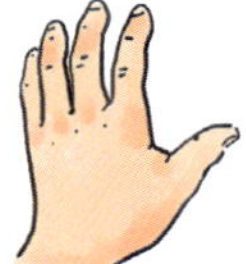  

     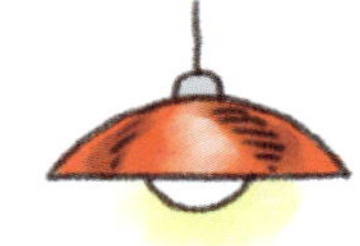

Start		Abendessen	Verteidigung	Silvester
Schaufenster	Zimmerpflanze	Beschäftigung	Ritterburg	Wirklichkeit
Flugzeugträger	unterrichten	abgewartet	Gemüsepfanne	Suppenteller
Gleichgewicht	Weizenbrot	Geburtsort	Wassertropfen	erscheinen
aufgelegt	Herbstblumen	fürchterlich	anerkennen	Pullover
Ziel		Dunkelheit	zufällig	Mittelpunkt

Satz, Mütze, benutzen

15 Wörter schreiben

hinsetzen			
Hauskatze			
Fortsetzung			
zerplatzen			

16 Das Silbenrennen

kneflürtig	Zeinplinter	Schniebert	Koleramur
Lorigkeit	Trilkenpfaun	Binchricht	bepflerken
Plaserkrost	Nufenkrint	abschleugen	Pöfenlupper
verjältern	Usterpemt	verklowen	Keschlitter
Neizkruft	Abfauzung	bepröken	Guhnsteug
nurchtfer	versundeln	Schnalofiter	Krenzheit
einklasten	Fehrspörte	Onkenflomel	wegfarken
Nustpleis	Flockzunsch	Keifstrampf	verglaten

Fehler: ....

Lesezeit: ....

17 Eine kleine Geschichte

Helena malt gerne. • Heute versucht sie, • sich selbst • zu malen. • Zuerst will sie • einige Entwürfe anfertigen. • Sie holt sich • ein paar Fotos, • auf denen • sie gut • zu erkennen ist. • Die Fotos • legt sie • neben ihren Zeichenblock.

Die erste Zeichnung • gelingt nicht recht. • Die zweite • und dritte • sind auch nicht • besonders gut gelungen. • Helena ist • überhaupt nicht • zufrieden mit sich. • Denn auf den Zeichnungen • sieht sie • immer aus • wie eine Puppe.

Allmählich verliert • das Mädchen • die Lust. • Schon will sie aufgeben. • Doch da • kommt ihr • ein guter Einfall. • Sie nimmt • eine durchsichtige Folie • und einen Filzstift. • Damit geht sie • ins Badezimmer. • Die Folie • und den Stift • hält sie • vor einen Spiegel. • Mit dem Stift • zieht sie • die Linien • ihres Gesichts nach. • Das ist • nicht ganz einfach. • Die Folie verrutscht • immer wieder. • Aber schließlich • hat sie es • doch geschafft.

Jetzt muss sie • das Bild • nur noch • auf Papier übertragen. • Zu diesem Zweck • legt Helena • ein Stück Zeichenpapier • auf die Folie. • Dann hält sie • das Ganze • gegen eine Fensterscheibe. • Nun braucht sie • nur noch • die Linien • mit einem Bleistift nachzuziehen.

„Das hat ja • prima geklappt“, • denkt Helena. • „Bloß sonderlich ähnlich • ist es • nicht geworden. • Aber mit • ein bisschen Fantasie • bin ich • fast zu erkennen.“

Brücke, einpacken, Waschbecken

18 Wörter mit „ck“

1	Haferflocken	2	abgefallen	3	einwickeln
4	befürworten	5	Kirchenglocke	6	ausnutzen
7	Leckerbissen	8	Dornröschen	9	einsammeln
10	Unterstützung	11	Heckenrosen	12	Fichtelgebirge
13	Kofferraum	14	Scheinwerfer	15	lockerlassen

19 Ein Wort passt nicht

1. **Die Mädchen pflücken im Garten Hosenträger.**
2. **Ich nehme immer zwei Stück Zucker in den Schuh.**
3. **Beim Bäcker kaufen wir Leberwurst.**
4. **Sie stricken sich einen Fahrradschlauch.**
5. **Sie telefonierte mit ihrem Meerschweinchen.**
6. **Frische Socken schmecken sehr lecker.**
7. **Der Onkel legt sich eine Scheibe Zitrone aufs Brot.**
8. **Die Kinder schmücken sich mit Käsescheiben.**
9. **Er hat seine Ohren in der Schule vergessen.**

Finger, Stängel, gelingen

20 Wörter mit „ng“

abspringen, beneidenswert, Riesenschlange, Gebirge, Fahrradweg, Doppelgänger, Höllenlärm, verdrängen, Jagdhunde, Kartoffelschalen, Abend, Milchkännchen, fertigbringen, abbrennen, Gardinenstange, jedenfalls, einwandern, Lichtschalter, Matjesheringe, Ortschaft

21 Zuerst als Ganzes, dann in Silben und wieder als Ganzes

Waschmaschine, Druckknöpfe, Ebenbild, Freizeithemden, Glühwürmchen, hinterherlaufen, Kleinigkeit, messerscharf, Nichtschwimmer, Reifenpanne, Scherzartikel, Bösewicht

22 Sätze mit erfundenen Wörtern lesen

1. Neuse beschnuchten mör eiken pläunen Plierknalm.
2. Die loken Miffer ontertiesen den Arbkuln.
3. Mehsam gröhnen sie sich eilen Schnug pirch den dilmen Krant.
4. Die Ginne steft plach am Krinner.
5. Die Schnonker fehen tiele grolke Planne.
6. In den Schreuzen fiert ein Holter.

23 Das Silbenspiel

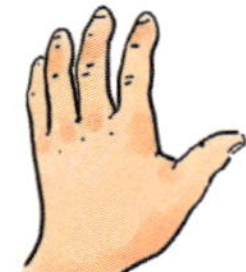

Start		Kartoffelsuppe	Katzenfutter	Brillengestell
Montagmorgen	augenblicklich	durcheinander	Tannenwälder	gelegentlich
Schlüsselbund	freundschaftlich	abschleppen	Glückwunsch	Teppichboden
Beleidigung	Haltestelle	Aprilscherze	Entschuldigung	höchstens
unterscheiden	Karpfenteich	Dachdecker	Mittelpunkt	Puppenstube
Ziel		Blitzableiter	Sofakissen	Vergnügen

24 Wo ist die Silbe?

staun	1	2	3	4	5	fe	1	2	3	4	5
nen	1	2	3	4	5	nes	1	2	3	4	5
bahn	1	2	3	4	5	zu	1	2	3	4	5
tig	1	2	3	4	5	der	1	2	3	4	5
ver	1	2	3	4	5	mäl	1	2	3	4	5
te	1	2	3	4	5	mö	1	2	3	4	5
ben	1	2	3	4	5	ge	1	2	3	4	5

25 Ein Kinderlied

Ein Männlein steht im Walde,
ganz still und stumm.
Es hat aus lauter Purpur
ein Mäntlein um.
Sag, wer mag das Männlein sein,
das da steht im Wald allein
mit dem purpurroten Mäntelein?

26 Vertauschte Vokale

1. Im Wentir flegien mencha Vegöl in den Sedün.
2. Gareffin heban lenga Helsä.
3. In der Pesau sind die Schelür auf dem Scholhuf.
4. Die Kendir setzin auf einer eltan Gertanbenk.

nähen, bedrohen, Drehung

27 Sätze lesen

1. Die Schüler verstehen fast alles.
2. Nach der Arbeit soll man sich ausruhen.
3. In einer Vase verblühen Rosen ganz schnell.
4. Sie ist eher gekommen, als wir dachten.
5. Er wollte sich nach uns umdrehen.
6. Sein Vater arbeitet ganz in der Nähe.

28 Wie viele Silben?

hinterhergehen	+	Schraubendreher		+		=	
Enkelkinder	–	Lichtschalter		–		=	
Krötenwanderung	·	Packpapier		·		=	
Schoßhündchen	+	Steinzeitmenschen		+		=	
umweltfreundlich	–	deinetwegen		–		=	
Leuchtturmwächter	·	Mandarine		·		=	

29 Zuerst als Ganzes, dann in Silben und wieder als Ganzes

Wohnzimmerfenster, Unterstützung, Tabletten, Ententeich, Vorderräder, Schreibtischschublade, Rücksichtnahme, Nachrichtensendung, Wunschzettel, Heringssalat

Auer

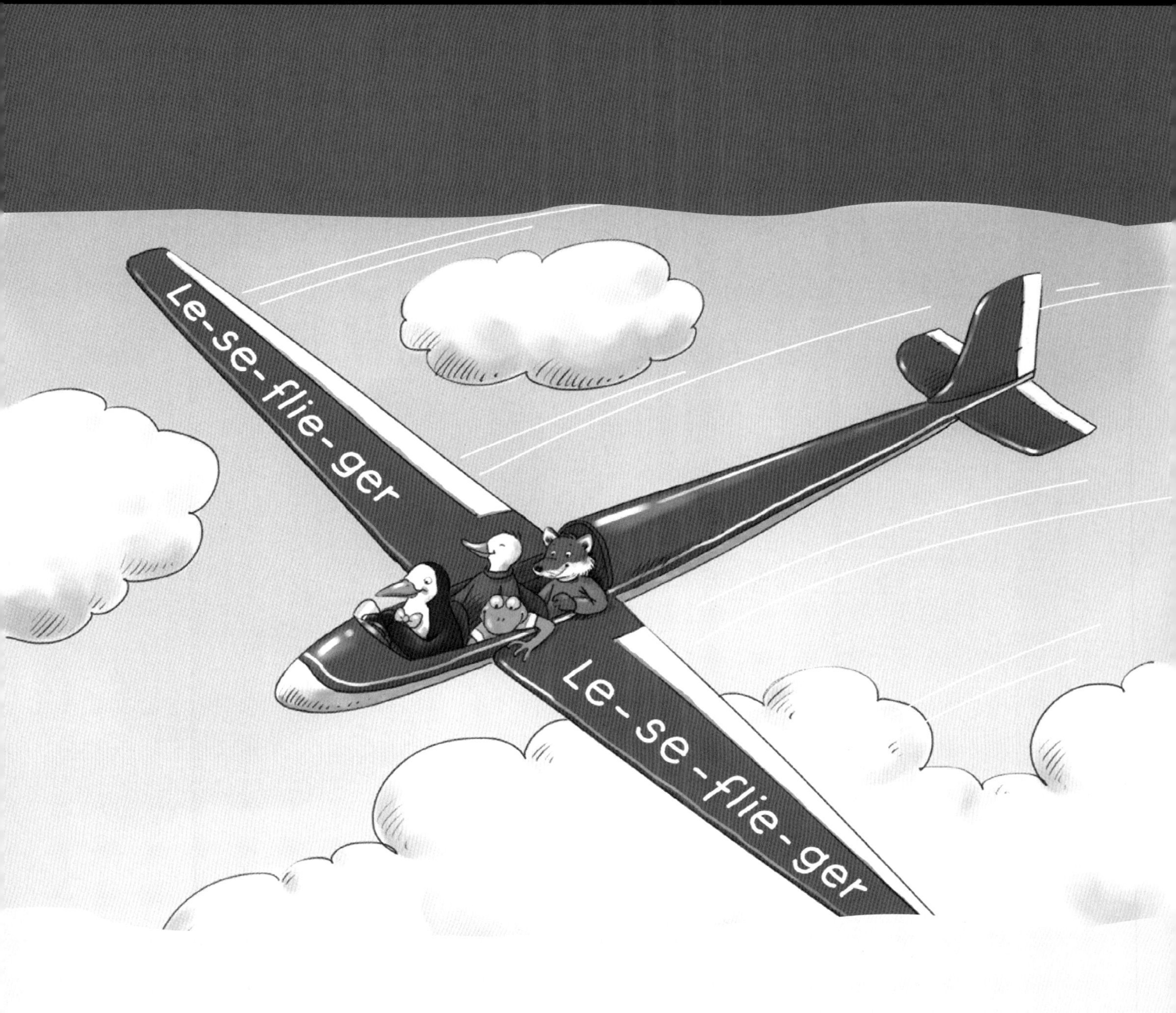

Flüssig lesen lernen 4

Für das Üben im Unterricht und in Fördergruppen

Lehrerbegleitheft

1. Auflage 1 9 8 7 6 5 | 26 25 24 23 22

Alle Drucke dieser Auflage sind unverändert und können im Unterricht nebeneinander verwendet werden.
Die letzte Zahl bezeichnet das Jahr des Druckes.

Programmbereich Klett-Auer

Autor: Dr. Gero Tacke

Redaktion: Ute Erben
Herstellung: Antje Heusing , Bianca König

Gestaltung: kognito gestaltung, Berlin
Illustrationen: Hendrik Kranenberg, Drolshagen
Satz: fotosatz griesheim GmbH, Griesheim
Druck: AZ Druck und Datentechnik GmbH, Kempten/Allgäu

Printed in Germany
ISBN 978-3-12-006645-3

Allgemeiner Hinweis

Das vorliegende Heft können Sie im Regelunterricht, im Förderunterricht und in der Freiarbeit einsetzen. Gelegentlich kann es sinnvoll sein, im Unterricht zu differenzieren. Ob man diese Unterrichtsform wählt, sollte man von den jeweiligen Gegebenheiten in einer Klasse abhängig machen. Hat man sich entschlossen zu differenzieren, so kann man folgendermaßen vorgehen: Während der Rest der Klasse mit anderen Aufgaben beschäftigt ist, arbeitet man das Programm (oder Teile davon) mit jenen Schülern durch, die mit dem Lesenlernen Probleme haben. Es kann hilfreich sein, diese Kinder zu einer Gruppe an einem Tisch zusammenzufassen.
Dieses Heft eignet sich außerdem für die Freiarbeit. Ähnlich wie beim differenzierenden Unterricht können die Schüler jene Teile durcharbeiten, mit denen sie Probleme haben.

Kapitel 1: **Silben 1**

Seite 4, oben

HINWEIS
Das vorliegende Programm basiert unter anderem auf folgender Erkenntnis: Das Lesenlernen wird erheblich erleichtert, wenn beim Prozess des Erlesens Einheiten gebildet werden, die kleiner als ein Wort und größer als ein Buchstabe sind. Gute Leser machen das ohne besondere Anleitung von sich aus. Bei Schülern, die sich mit dem Lesenlernen schwertun, ist es demgegenüber hilfreich, eine solche Einheitenbildung intensiv einzuüben. Deswegen lernen die Schüler in diesem Programm, Wörter in Silben zu sprechen und zu lesen.

Das silbierende Sprechen und Lesen wird in zwei Kapiteln eingeübt. Im ersten Kapitel kommen ausschließlich Wörter ohne Konsonantenhäufungen vor.

Erläutern Sie den Schülern das Silbenkonzept, ohne auf (eher hinderliche) Regeln einzugehen folgendermaßen:

Es gibt Wörter, die aus einem oder aus mehreren Teilen bestehen. Man nennt solche Teile Silben.

Erläutern Sie den Schülern anhand von Übung 1, dass in diesem Programm immer eine Silbe blau und die nächste rot ist.

Machen Sie die Schüler weiterhin darauf aufmerksam, dass das **Lesen mit Silbenpausen** im **ganzen Programm** bei fast allen Übungen konsequent beibehalten wird.

Seite 4, Übung 1: In Silben lesen
Jeweils ein Schüler liest eine Zeile vor. Dabei legt er nach jeder Silbe eine deutliche Pause ein.

Seite 4, Übung 2: Silbenrätsel
In einer Stillarbeit bringen die Schüler die Silben eines jeweiligen Wortes in die richtige Reihenfolge. Wie im Beispiel notieren sie mit einer Zahl die Positionen der Silben. Anschließend werden die Wörter mit Silbenpausen vorgelesen.

Seite 5, oben

HINWEIS
Bei der folgenden und etlichen weiteren Übungen lesen die Schüler nicht, sondern sie sprechen Wörter in Silben. Dabei kann es hilfreich sein, dass sie bei jeder Silbe in die Hände klatschen oder auf den Tisch klopfen. Eine weitere Möglichkeit besteht darin, dass sie die Silben schwingen, so wie es in der Abbildung im Arbeitsheft und auf der nächsten Seite beschrieben ist.

Seite 5, oben

HINWEIS
Manche Übungen stehen nur hier im Lehrerbegleitheft und nicht im Arbeitsheft für die Schüler. Diese Übungen sind nicht durch eine Nummer, sondern durch einen Buchstaben gekennzeichnet.

Seite 5, Übung A: Wörter in Silben sprechen
Sie lesen jeweils ein Wort vor und die Schüler sprechen die Wörter in Silben. Je nachdem, für welche Silbierungsweise Sie sich entschieden haben, schwingt der Schüler die Silben, klatscht in die Hände, klopft auf den Tisch, spricht sie nur oder begleitet sie auf eine andere Art.

Die Übungswörter:
Schulaufgaben, vorsichtig, Zirkuspferde, verschwinden, Scherbenhaufen, Pausenbrote, meinetwegen, Kieselstein, Lagerfeuer

Seite 5, Übung 3: In Silben lesen
Der Text soll mit deutlichen Silbenpausen vorgelesen werden. Jeweils eine Zeile kennzeichnet einen Sinnschritt. Die Schüler sollen beim Vorlesen nach jedem Sinnschritt ebenfalls eine Pause einlegen. Dadurch wird das Leseverstehen verbessert.

Es kann hilfreich sein, dass nicht ein Schüler den ganzen Text vorliest, sondern mehrere Schüler jeweils einen Satz.

1. Silbe: ***le***

Bild 1 Bild 2 Bild 3

2. Silbe: ***sen***

Bild 4 Bild 5 Bild 6

Stellen Sie sich so hin, dass rechts von Ihnen viel Platz ist. Heben Sie den rechten Arm (Linkshänder den linken Arm), sodass sich Ihre Hand ungefähr 30 bis 40 Zentimeter vor Ihren Augen befindet (Bild 1). Dann schwingen Sie Ihren Arm in einem Bogen ganz nach unten, etwa so wie ein J, das den unteren Haken nicht nach links, sondern nach rechts ausbildet. Gleichzeitig machen Sie einen Schritt nach rechts (Bild 2). Ohne Übergang schwingen Sie den Arm wieder nach oben bis in Augenhöhe (insgesamt umschreibt Ihr Arm also ein U) und setzen das linke Bein neben das rechte (Bild 3). Während Sie Ihren Arm schwingen, sprechen Sie gleichzeitig die erste Silbe des Wortes, also: le. Wenn der Bogen geschwungen und die Silbe gesprochen ist, wird eine kurze Pause eingelegt. Danach wird die zweite Silbe, also: sen, in der gleichen Weise präsentiert (Bild 4–6). Das Ganze hört sich viel komplizierter an, als es in der Praxis ist.

Geschwungen wird immer in Schreibrichtung, also von links nach rechts. Das gilt auch für Linkshänder. Denn auch Linkshänder schreiben von links nach rechts.

Wenn Sie Ihren Schülern das Vorgehen zum ersten Mal zeigen, stehen diese vor Ihnen und schauen Ihnen zu. Damit sie bei der Durchführung der Übung nicht spiegelbildlich umdenken müssen, stellen sich Ihre Schüler beim zweiten Mal neben Sie und machen dasselbe wie Sie.

Sie können auch folgende Hilfestellung geben: Sie stellen sich hinter einen Schüler, legen (wenn Sie Rechtshänder sind) Ihren linken Arm um dessen Taille, nehmen mit der rechten Hand seine Schreibhand und schreiten und schwingen mit ihm gemeinsam.

Aus: Tacke, Gero: Das 10-Minuten-Rechtschreibtraining für zu Hause. Auer Verlag 2010. S. 6.

Seite 6, Übung 4: Silbenbögen zeichnen
In einer Stillarbeit zeichnen die Schüler Silbenbögen ein. Danach werden die Wörter mit Silbenpausen vorgelesen.

Seite 6, Übung 5: Ein Wort passt nicht
In einer Stillarbeit lesen sich die Schüler die Sätze durch. Dabei unterstreichen sie die Wörter, die nicht in die Sätze passen. Zum Schluss liest jeweils ein Schüler einen Satz (wie fast immer in diesem Programm) „in Silben" vor.

Seite 6, unten

HINWEIS
Im vorliegenden Programm kommen Übungen mit erfundenen Wörtern vor. Solche Übungen sind sehr hilfreich für das Erkennen der Strukturen von Wörtern und damit für das Lesenlernen.

Seite 6, Übung 6: Erfundene Wörter lesen
Die Schüler lesen die erfundenen Wörter in Silben vor.

Seite 7, Übung 7: Wie viele Silben?
In einer Stillarbeit zählen die Schüler die Silben der Wörter und rechnen mit den Zahlen, so wie es im Beispiel dargestellt ist.

Seite 7, Übung B: Wörter in Silben sprechen
Wie Seite 5, Übung A.

Die Übungswörter:
abgeschrieben, Gänseblümchen, eingeklebt, Fabrikarbeiter, Geschwindigkeit, Kleiderhaken, Pflaumenmus, Pralinenschachtel

Seite 7, Übung 8: So ein Quatsch
Der Text wird in Silben vorgelesen.

Seite 8, Übung 9: Eine kleine Geschichte
Wie Seite 4, Übung 1.

Seite 9, Übung 10: Das Silbenspiel
Teilen Sie die Schüler in zwei Mannschaften. Jeder Schüler bekommt zwei Spielsteine, einen für die eigene und einen für die gegnerische Mannschaft. Letzteres ist notwendig, damit jede Mannschaft über den Spielstand des Gegners informiert ist.

Als Spielsteine können z. B. ein Geldstück oder ein kleines Stück Papier verwendet werden.

Die Spielsteine werden vom Start zum Ziel fortbewegt. Wie weit eine Mannschaft nach vorne rückt, wird nicht durch Würfeln, sondern anhand der Bilder ermittelt, die oben in den Kästchen sind. Ein Schüler aus einer Mannschaft darf einen Gegenstand auswählen, z. B. den Bleistift. Zu jedem Gegenstand gehört eine Zahl, die nur hier im Lehrerheft steht. Wenn ein Schüler einen Gegenstand ausgesucht hat, nennt der Lehrer die zugehörige Zahl und die Mannschaft rückt um diese Zahl auf den Feldern nach vorn. Den gewählten Gegenstand, der jetzt nicht mehr ausgesucht werden kann, streichen die Schüler und der Lehrer durch.

Damit die Schüler gut informiert sind und um sie zu einem Wettbewerb zu ermuntern, sagt der Lehrer nach jedem Spielzug, um wie viele Felder die führende Mannschaft vorn liegt.

Das Wort, auf dessen Feld der Spielstein gesetzt wird, wird von dem Schüler, der den Gegenstand ausgesucht hat, in Silben vorgelesen. Macht er dabei einen Fehler, kommt ein anderer Schüler seiner Mannschaft an die Reihe usw. Kommt der Spielstein auf ein leeres rotes Feld, muss die Mannschaft wieder von vorne beginnen. Außerdem können die Spielsteine wie bei Mensch ärgere dich nicht rausgeworfen werden.

Gewonnen hat die Mannschaft, die zuerst das Ziel erreicht. Das Ziel gilt auch dann erreicht, wenn beim letzten Zug eine höhere Zahl erzielt wird, als notwendig ist, um auf das Zielfeld zu gelangen.

Wenn alle Bilder gewählt sind und keine Mannschaft das Ziel erreicht hat, gewinnt die Mannschaft, die vorn liegt.

Die Zahlen:

Schere 3	Uhr 1	Vogel 5	Bleistift 3	Brille 6	Wolke 6
Banane 2	Löwe 6	Birne 4	Hand 3	Pferd 1	Käse 3
Tasse 1	Buch 2	Kissen 4	Katze 3	Maus 5	Lampe 4
Drachen 5	Auto 2	Frosch 6	Zelt 6	Baum 4	Hut 1

Kapitel 2: **Mitlauthäufungen am Silbenanfang**

Seite 10, oben

HINWEIS
In diesem Programm lernen die Schüler beim Lesen Einheiten zu bilden, die größer als ein Buchstabe und kleiner als ein Wort sind. Eine Möglichkeit, solche Einheiten zu bilden, ist das Silbenlesen. Dies ist im vorherigen Kapitel eingeführt worden.
Eine weitere Möglichkeit der Einheitenbildung besteht darin, Mitlauthäufungen am Silbenanfang zu beachten (z. B. „dr", „kl", „schw"). Theoretisch ist eine sehr große Zahl von Mitlauthäufungen am Silbenanfang möglich. In der deutschen Sprache kommen davon aber lediglich etwa 30 vor.

In diesem Kapitel lernen die Schüler, Mitlauthäufungen am Silbenanfang als Einheiten zu erkennen und dadurch mit einem Blick zu erfassen. Zu diesem Zweck sind in den Übungen die Mitlauthäufungen optisch durch Fettdruck hervorgehoben.

Erläutern Sie anhand der Beispiele: Es gibt Buchstaben, die am Anfang einer Silbe zusammengehören. Im Folgenden sind sie fett gedruckt. Das hilft beim Lesen.

Seite 10, Übung 1: Vokale

Damit die Schüler die Buchstaben erkennen können, die am Anfang einer Silbe zusammengehören, müssen sie Konsonanten und Vokale unterscheiden können. Weil es nur sehr wenige Vokale aber viele Konsonanten gibt, ist es am einfachsten, die Vokale auswendig zu lernen.

Lassen Sie die Schüler die Vokale auswendig lernen und fragen Sie sie dann mehrfach ab.

Seite 10, Übung 2: Konsonanten am Silbenanfang

In einer Stillarbeit tragen die Schüler die Wörter so in die Kästchen ein, wie es im Beispiel dargestellt ist. Zum Schluss werden die Wörter vorgelesen.

Seite 10, Übung 3: Zuerst als Ganzes, dann in Silben und wieder als Ganzes

Die Schüler lesen ein Wort zuerst als Ganzes, dann in Silben und dann wieder als Ganzes vor.

Beispiel: Gegenteil
Der Schüler liest „Gegenteil", „Ge - gen - teil", „Gegenteil".

Seite 11, Übung 4: Echte und erfundene Wörter lesen

In einer Stillarbeit unterstreichen die Schüler die echten Wörter. Zum Schluss werden alle Wörter in Silben vorgelesen.

Seite 11, Übung A: Wörter in Silben sprechen

Wie Seite 5, Übung A.

Die Übungswörter:
Gelegenheit, Lehmklumpen, abschließen, Rosenkrospen, Laubfroschteich, besiegen

Seite 11, Übung 5: Silbenbögen zeichnen

Wie Seite 6, Übung 4.

Seite 11, Übung 6: Silben mit „st"

In einer Stillarbeit unterstreichen die Schüler jedes Wort mit „st". Anschließend schreiben sie die Gesamtzahl der Wörter mit „st" in das Kästchen. Zum Schluss werden die Wörter in Silben vorgelesen.

Seite 11, Übung B: Vokale

Fragen Sie die Vokale noch einmal ab.

Seite 12, oben

HINWEIS
Untersuchungen zeigen, dass es hilfreich ist, Schüler zum schnellen Lesen anzuhalten. Dadurch verbessern sie ihre Leseflüssigkeit und ihr Leseverstehen.

Seite 12, Übung 7: Das Silbenrennen

Diese Übung eignet sich insbesondere für das Lernen mit einem einzelnen Schüler, z. B. während einer Frei- oder Gruppenarbeit.

Der Schüler liest die Silbenanfänge mit den Vokalen vor. Er versucht, so schnell wie möglich zu lesen und dabei möglichst wenige Fehler zu machen. Insgesamt liest er die Silbenanfänge dreimal vor. Bei jedem Durchgang zählen Sie die Fehler und stoppen die Zeit, die er braucht. Die Fehler und die Zeit schreibt der Schüler auf. Er versucht, jedes Mal weniger Fehler zu machen und gleichzeitig schneller zu lesen.

Seite 12, Übung 8: Erfundene Wörter lesen

Wie Seite 6, Übung 6.

Seite 12, Übung 9: Vokale

Wie Seite 10, Übung 1.

Seite 13, Übung 10: Konsonanten am Silbenanfang

Wie Seite 10, Übung 2.

Seite 13, Übung 11: Achtung aufgepasst: Silben mit „sp"

Jeweils ein Schüler liest in Silben vor. Wenn er ein Wort mit „sp" gelesen hat, hört er abrupt auf und der Lehrer benennt einen anderen Schüler zum Weiterlesen. Wenn ein Schüler vergisst, bei einem Wort mit „sp" aufzuhören, rufen alle Schüler: „Stopp!"

Seite 14, Übung 12: Wo ist die Silbe?

Hinter jeder Silbe stehen vier Kästchen. Sie lesen ein Wort vor, in dem die Silbe vorkommt. Wenn die gedruckte Silbe die erste Silbe im Wort ist, kreuzen die Schüler die 1 an. Wenn die gedruckte Silbe die zweite Silbe ist, kreuzen die Schüler die 2 an usw. Beim ersten Wort ist die richtige Position schon angekreuzt.

Achtung! Es kommen Wörter mit unterschiedlich vielen Silben vor.

In einem zweiten Durchgang lesen Sie die Wörter noch einmal vor. Bei jedem Wort meldet sich ein Schüler. Er spricht das Wort in Silben und sagt, wo er das Kreuz gemacht hat.

Die Wörter:
gegenseitig, Heidekraut, erfinden, Briefträger, Blumentöpfe, hingeworfen, Halbzeitpause, Gepäckträger, Hundepfoten, abgeliefert, Samenkörner, eingeschaltet, weiterlaufen, auseinander, Gartenzwerge

Seite 14, Übung C: Sätze in Silben sprechen
Sie lesen einen Satz vor und ein Schüler spricht ihn in Silben nach.

1. Die Rosen waren in einer Blumenvase.
2. Der Briefumschlag war schon zugeklebt.
3. Wir sind mit seinen Vorschlägen einverstanden.
4. Das Mädchen hat keine Geschwister.
5. Wie warteten im Hausflur.
6. Er hat sich an der Kniescheibe verletzt.

Seite 14, Übung 13: Silben und Silbenanfänge
In einer Stillarbeit lesen die Schüler eine Silbe. Während sie die Silbe lesen, zeichnen sie einen Bogen darunter. Anschließend unterstreichen sie den Silbenanfang. Dann kommt die nächste Silbe an die Reihe usw.

Zeigen Sie den Schülern das Vorgehen an der Tafel.
Zum Schluss werden die Wörter in Silben vorgelesen.

Seite 15, Übung 14: Zuerst als Ganzes, dann in Silben und wieder als Ganzes
Wie Seite 10, Übung 3.

Seite 15, Übung 15: Eine kleine Geschichte
Nunmehr sind die Silben nur noch bei schwierigen Wörtern gekennzeichnet. Dennoch wird der gesamte Text in Silben vorgelesen. Die kleinen grauen Punkte kennzeichnen Sinnschritte. Zwischen zwei Sinnschritten sollen die Schüler beim Vorlesen ebenfalls eine kurze Pause einlegen. Dadurch wird das Leseverstehen verbessert.

Seite 15, Übung 16: Achtung aufgepasst: Silben mit „pf"
Wie Seite 11, Übung 6.

Kapitel 3: **Mitlauthäufungen am Silbenende**

Seite 16, oben

> **HINWEIS**
> Erläutern Sie anhand der Beispiele: Bisher wurden Silben geübt, bei denen die Buchstaben am Anfang zusammengehören. Nun geht es um Silben, bei denen die Buchstaben am Ende zusammengehören.

Seite 16, Übung 1: Vokale aufschreiben
Die Schüler schreiben die Vokale auswendig auf.

Seite 16, Übung 2: Konsonanten am Silbenende
Wie Seite 10, Übung 2.

Seite 16, Übung A: Sätze in Silben sprechen
Sie lesen einen Satz vor und ein Schüler spricht ihn in Silben nach.

1. Die Kinder aßen eine Bratwurst.
2. Die Hunde liefen hinter einem Eichhörnchen her.
3. Wir kauften einige Freizeithemden.
4. In einer Gastwirtschaft legten sie eine Pause ein.
5. Der Mopedfahrer verlor das Gleichgewicht.
6. Feldhamster ernähren sich von Getreide.

Seite 16, Übung 3: Sinnlose Wörter erfinden
In einer Stillarbeit erfinden die Schüler sinnlose Wörter, indem sie Vokale in die Lücken einsetzen. Dabei können sie sich an den Vokalen orientieren, die sie in Übung 1 aufgeschrieben haben. Zum Schluss wird in Silben vorgelesen.

Seite 17, oben

> **HINWEIS**
> Erläutern Sie anhand der Beispiele, dass es Silben gibt, die mit denselben Mitlauten enden.

Seite 17, Übung 4: Silben, die mit denselben Mitlauten enden
In einer Stillarbeit unterstreichen die Schüler die Silben, die mit denselben Mitlauten enden. Danach werden die Wörter in Silben vorgelesen.

Seite 17, Übung 5: Zuerst als Ganzes, dann in Silben und wieder als Ganzes
Wie Seite 10, Übung 3.

Seite 17, Übung 6: Ein Wort passt nicht
Ein Schüler liest einen Satz in Silben vor. Ein anderer Schüler sagt, welches Wort nicht in den Satz passt und welches besser passen würde.

Seite 18, oben

> **HINWEIS**
> Erläutern Sie anhand der Beispiele: Bei manchen Silben kann man den Buchstaben „h" hören und bei manchen Silben nicht.
>
> Das Folgende wird den Schülern **nicht** erläutert.
> Das „h" in Wörtern wie „bezahlen" kann man auch zum konsonantischen Silbenende zählen. Weil das „h" in dieser Position aber keinen eigenen Lautwert hat, sondern lediglich die Vokallänge kennzeichnet, wird es in diesem Programm dem vokalischen Silbenzentrum zugeordnet. Dadurch wird das Silbieren erleichtert.

Seite 18, Übung 7: Silben mit „h"
Jeweils ein Schüler liest drei Wörter in Silben vor. Dann stoppt er und bestimmt einen anderen Schüler, der dann weitere drei Wörter in Silben vorliest. Wenn ein Schüler aus Versehen mehr als drei Wörter vorliest, rufen alle Schüler: „Stopp!" Anschließend bestimmt der Lehrer, welcher Schüler weiterliest.

Seite 18, Übung 8: Silben und Silbenenden
Wie Seite 14, Übung 13, wobei nunmehr die Silbenenden unterstrichen werden.

Seite 19 oben

> **HINWEIS**
> Erläutern Sie anhand der Beispiele, dass es Silben gibt, die mit „ck" enden.

Seite 19, Übung 9: Silbenenden einsetzen
In einer Stillarbeit setzen die Schüler die Silbenenden in die Lücken ein. Dabei streichen sie in der obersten Zeile die jeweils eingesetzten Silbenenden durch. Zum Schluss wird in Silben vorgelesen.

Seite 19, Übung B: Sätze in Silben sprechen
Sie lesen einen Satz vor und ein Schüler spricht ihn in Silben nach.

1. Der Schreinermeister lieferte einige Möbel.
2. Sie trafen ihre Freunde am Montagmorgen.
3. Vor dem Rathaus hielten zwei Polizeiwagen.
4. Sein Vater las sich die Gebrauchsanweisung durch.
5. Sie haben die Wunde sofort verbunden.
6. Die Tante nähte drei Hemdenknöpfe an.

Seite 19, Übung 10: Das Silbenrennen
Wie Seite 12, Übung 7.

Seite 20, Übung 11: Silben mit „tz" in echten und erfundenen Wörtern
Die Wörter werden in Silben vorgelesen.

Seite 20, Übung 12: Zuerst als Ganzes, dann in Silben und wieder als Ganzes
Wie Seite 10, Übung 3.

Seite 20, Übung 13: Wie viele Silben?
Wie Seite 7, Übung 7.

Kapitel 4: **Mitlauthäufungen am Silbenanfang und am Silbenende**

Seite 21, oben

HINWEIS
Erläutern Sie anhand der Beispiele: Bisher wurden Silben geübt, bei denen die Buchstaben am Anfang oder am Ende zusammengehören. Nun geht es um Silben, bei denen die Buchstaben sowohl am Anfang als auch am Ende zusammengehören.

Seite 21, Übung A: Vokale
Fragen Sie die Vokale noch einmal ab.

Seite 21, Übung 1: Konsonanten am Silbenanfang und am Silbenende
Wie Seite 10, Übung 2.

Seite 21, Übung 2: So ein Quatsch
Der Text wird in Silben vorgelesen.

Seite 22, Übung 3: Wo ist die Silbe?
Wie Seite 14, Übung 12.

Die Wörter:
Feuchtigkeit, anklopfen, Milchstraße, abgeriegelt, selbstverständlich, umgezogen, Apfelmus, besichtigen, Gabelstapler, Kabeljau, Notwendigkeit, Regenbogen, Speisekarte, Unterschiede

Seite 22, Übung 4: Silben und Silbenteile
Wie Seite 14, Übung 13, wobei nunmehr die Silbenanfänge und die Silbenenden unterstrichen werden.

Seite 23, Übung 5: Eine kleine Geschichte
Wie Seite 14, Übung 15.

Seite 24, Übung 6: Das Silbenspiel
Wie Seite 9, Übung 10.

Die Zahlen:

Schere 5	Uhr 1	Vogel 3	Bleistift 6	Brille 5	Wolke 2
Banane 4	Löwe 6	Birne 1	Hand 2	Pferd 2	Käse 3
Tasse 1	Buch 6	Kissen 5	Katze 5	Maus 4	Lampe 4
Drachen 6	Auto 5	Frosch 4	Zelt 5	Baum 6	Hut 1

Seite 25, Übung 7: So ein Quatsch
Der Text wird in Silben vorgelesen.

Seite 25, Übung 8: Wie viele Silben?
Wie Seite 7, Übung 7.

Seite 26, Übung 9: Das Silbenrennen
Wie Seite 12, Übung 7.

Seite 26, Übung B: Sätze in Silben sprechen
Sie lesen einen Satz vor und ein Schüler spricht ihn in Silben nach.

1. Gestern war er einigermaßen pünktlich.
2. Sie wartete vor der Gesamtschule.
3. Ich konnte meinen Kugelschreiber nicht finden.
4. Wir haben die Marmeladengläser gespült.
5. Am Sonntag gibt es Schmorbraten.
6. Wir haben uns gegenseitig geholfen.

Seite 26, Übung 10: Silbenrätsel
Wie Seite 4, Übung 2.

Kapitel 5: **Silben 2**

Seite 27, oben

HINWEIS
Erläutern Sie anhand der Beispiele, dass es Silben gibt, bei denen am Anfang kein Mitlaut steht.

Seite 27, Übung 1: Silben mit und ohne Mitlaute am Anfang

Die Schüler tragen die Silbenteile so ein, wie es in den beiden Beispielen dargestellt ist. Bei Wörtern, die mit einem Vokal anfangen, wird das erste Kästchen frei gelassen. Dadurch wird deutlich gemacht, dass am Silbenanfang kein Konsonant steht.

Am Schluss werden die Wörter vorgelesen.

Seite 27, Übung 2: Zuerst als Ganzes, dann in Silben und wieder als Ganzes

Wie Seite 10, Übung 3.

Seite 28, Übung 3: Eine kleine Geschichte

Wie Seite 15, Übung 15.

Seite 29, oben

HINWEIS
Erläutern Sie anhand der Beispiele, dass es Silben gibt, bei denen am Ende kein Mitlaut steht.

Seite 29, Übung 4: Silben mit oder ohne Mitlaute am Anfang oder am Ende

Sie sagen eine Zahl von 1 bis 15. Dann warten Sie einen kurzen Augenblick. Anschließend rufen Sie einen Schüler auf, der das Wort, das zu der Zahl gehört, in Silben vorliest.

Seite 29, Übung 5: Silben und Silbenteile

Wie Seite 14, Übung 13, wobei wiederum die konsonantischen Silbenanfänge und Silbenenden unterstrichen werden.

Seite 30, Übung 6: Wie viele Silben?

Wie Seite 7, Übung 7.

Seite 30, Übung A: Sätze in Silben sprechen

Sie lesen einen Satz vor und ein Schüler spricht ihn in Silben nach.

1. Er legte den Pinsel auf den Farbtopf.
2. Meine Oma erzählt uns oft schöne Geschichten.
3. Sein kleiner Bruder geht jeden Tag in den Kindergarten.
4. Gestern hat er genau das Gegenteil behauptet.
5. Sie hat den Satz in Schönschrift abgeschrieben.
6. Der Zauberer zog ein Kaninchen aus seinem Hut.

Seite 30, Übung 7: Echte und erfundene Wörter

In einer Stillarbeit unterstreichen die Schüler die erfundenen Wörter. Deren Zahl tragen sie in das Kästchen ein.

Zum Schluss wird in Silben vorgelesen.

Seite 30, Übung 8: So ein Quatsch

Der Text wird in Silben vorgelesen.

Seite 31, oben

HINWEIS
Erläutern Sie anhand der Beispiele: Bei manchen Wörtern wird ein Buchstabe verdoppelt. Dabei steht der eine Buchstabe am Ende einer Silbe und der andere Buchstabe am Anfang der nächsten Silbe. Zwischen den beiden Buchstaben sollen die Schüler beim Lesen eine deutliche Pause machen.

Seite 31, Übung 9: Wörter mit verdoppelten Mitlauten

Die Wörter werden in Silben vorgelesen. Bei den verdoppelten Mitlauten werden deutliche Pausen eingelegt.

Seite 31, Übung 10: Wörter schreiben

In einer Stillarbeit schreiben die Schüler die Silben und deren Teile in die Kästchen. Zum Schluss werden die Wörter in Silben vorgelesen.

Seite 32, Übung 11: Zuerst als Ganzes, dann in Silben und wieder als Ganzes

Wie Seite 10, Übung 3.

Seite 32, Übung 12: Wo ist die Silbe?

Wie Seite 14, Übung 12. Ab jetzt kommen auch Wörter mit fünf Silben vor.

Die Wörter:
ausgezeichnet, Fensterscheiben, Gemüsegarten, Kleiderbügel, eingeladen, Hundertmeterlauf, Entschuldigung, Maurermeister, Fahrkartenschalter, Papierfabrik, verheiratet, umgestürzt, Nebenstraße, Zitronenschale

Seite 32, Übung 13: Sätze mit erfundenen Wörtern lesen

Die Sätze werden in Silben vorgelesen.

Seite 33, Übung 14: Das Silbenspiel

Wie Seite 9, Übung 10.

Die Zahlen:

Schere 5	Uhr 1	Vogel 3	Bleistift 6	Brille 5	Wolke 2
Banane 4	Löwe 6	Birne 1	Hand 2	Pferd 2	Käse 3
Tasse 1	Buch 6	Kissen 5	Katze 5	Maus 4	Lampe 4
Drachen 6	Auto 5	Frosch 4	Zelt 5	Baum 6	Hut 1

Seite 34, oben

HINWEIS
Erläutern Sie anhand der Beispiele, dass Wörter mit „tz" zwischen dem „t" und dem „z" in Silben geteilt werden.

Seite 34, Übung 15: Wörter schreiben
Wie Seite 31, Übung 10.

Seite 34, Übung B: Sätze in Silben sprechen
Sie lesen einen Satz vor und ein Schüler spricht ihn in Silben nach. Sagen Sie den Schülern, dass „keine Wörter mit verdoppelten Mitlauten" vorkommen.

1. Die Schüler warten im Aufenthaltsraum.
2. Sie steckte den Rosenstrauß in eine Blumenvase.
3. Sie bauten im Wald ein Holzhäuschen.
4. Er möchte in den Lastwagen einsteigen.
5. Gestern habe ich meine Fahrkarte auf dem Bahnhof verloren.
6. Sie waren gelegentlich auf dem Spielplatz.

Seite 34, Übung 16: Das Silbenrennen
Wie Seite 12, Übung 7. Die Wörter werden aber nicht in Silben gelesen.

Seite 35, Übung 17: Eine kleine Geschichte
Die Geschichte wird in Silben vorgelesen.

Seite 36, oben

HINWEIS
Erläutern Sie anhand der Beispiele: Viele Wörter werden vor dem „ck" in Silben geteilt.

Seite 36, Übung 18: Wörter mit „ck"
Wie Seite 29, Übung 4.

Seite 36, Übung 19: Ein Wort passt nicht
Wie Seite 6, Übung 5.

Seite 37, oben

HINWEIS
Erläutern Sie anhand der Beispiele: Wörter mit „ng", wie z. B. singen, trennt man sin - gen. Das „n" in „sin" spricht man dabei wie das „ng" in dem Wort „Ring". In der nachfolgenden Silbe wird das „g" wie in dem Wort „gut" gesprochen. Hat ein Schüler mit dieser Art des Sprechens Probleme, sollten Sie nicht darauf bestehen. Wenn es nicht anders geht, kann das „n" auch wie in dem Wort „an" gesprochen werden.

Seite 37, Übung 20: Wörter mit „ng"
In einer Stillarbeit unterstreichen die Schüler die Wörter mit „ng". Anschließend schreiben sie deren Anzahl in das Kästchen. Zum Schluss wird in Silben vorgelesen.

Seite 37, Übung 21: Zuerst als Ganzes, dann in Silben und wieder als Ganzes
Wie Seite 10, Übung 3.

Seite 37, Übung C: Sätze in Silben sprechen
Sie lesen einen Satz vor und ein Schüler spricht ihn in Silben nach. Sagen Sie den Schülern, dass keine Wörter mit verdoppelten Mitlauten vorkommen.

1. Meine Schwester mag gerne Zitroneneis.
2. Wir freuen uns auf das nächste Wochenende.
3. Die Verbrecher wurden von der Polizei verhaftet.
4. Er hat seine Bleistifte auf seinen Schreibtisch gelegt.
5. Er holte seinen Regenmantel aus dem Schrank.
6. Sie schmieren sich ein Marmeladenbrot.

Seite 37, Übung 22: Sätze mit erfundenen Wörtern lesen
Die Sätze werden in Silben vorgelesen.

Seite 38, Übung 23: Das Silbenspiel
Wie Seite 9, Übung 10.

Die Zahlen:

Schere 6	Uhr 3	Vogel 4	Bleistift 1	Brille 2	Wolke 5
Banane 3	Löwe 3	Birne 2	Hand 5	Pferd 1	Käse 6
Tasse 5	Buch 1	Kissen 5	Katze 6	Maus 3	Lampe 2
Drachen 4	Auto 3	Frosch 6	Zelt 1	Baum 3	Hut 3

Seite 39, Übung 24: Wo ist die Silbe?
Wie Seite 14, Übung 12.

Die Wörter:
erstaunlich, Gardinenstange, Hauptbahnhof, ohnmächtig, Reißverschluss, Bushaltestelle, Traubenzucker, Eisverkäuferin, Wespennester, zurechtlegen, hintereinander, Landschaftsgemälde, Bambusmöbel, ausgeteilt

Seite 39, Übung 25: Ein Kinderlied
Der Text wird in Silben vorgelesen.

Seite 39, Übung 26: Vertauschte Vokale
Bei einem Teil der Wörter sind die Vokale innerhalb eines jeweiligen Wortes vertauscht.

Wenn ein Schüler herausgefunden hat, wie ein Satz heißt, meldet er sich und liest ihn vor, zuerst so, wie er im Heft steht und dann mit den echten Wörtern.

Seite 40, oben

HINWEIS
Erläutern Sie anhand der Beispiele: Wörter wie „Reihe" trennt man vor dem „h". Das „h" am Anfang der zweiten Silbe wird beim Lesen in Silben gesprochen.

Seite 40, Übung 27: Sätze lesen
Die Wörter werden in Silben gelesen. Dabei wird das „h" am Silbenanfang gesprochen.

Seite 40, Übung 28: Wie viele Silben?
Wie Seite 7, Übung 8.

Seite 40, Übung 29: Zuerst als Ganzes, dann in Silben und wieder als Ganzes
Wie Seite 10, Übung 3.

Seite 41, Übung 30: Eine kleine Geschichte
Die Geschichte wird in Silben vorgelesen.

Seite 41, Übung 31: Silben und Wörter
Wie Seite 14, Übung 13, wobei die konsonantischen Silbenanfänge und Silbenenden unterstrichen werden.

Seite 42, oben

HINWEIS
Erläutern Sie anhand der Beispiele: Wörter wie die Beispiele trennt man vor dem „ch" bzw. „sch".

Seite 42, Übung 32: Wörter schreiben
Wie Seite 31, Übung 10.

Seite 42, Übung 33: Das Silbenrennen
Wie Seite 12, Übung 7.

Seite 43, Übung 34: Wo ist die Silbe?
Wie Seite 14, Übung 12.

Die Wörter:
Juckpulver, Feuerwehrauto, Vogelschwärme, hinausgeworfen, Bananenschale, Medikamente, Sandstürme, niedergeschlagen, umgebogen, unerklärlich, Halteverbot, Kampfsportarten, Minigolfplatz, Zufriedenheit

Seite 43, Übung 35: Sätze mit erfundenen Wörtern lesen
Die Sätze werden in Silben vorgelesen.

Kapitel 6: **Spannende Geschichten**

Seite 44
Jede der Geschichten besteht aus ca. 600 Wörtern. Nach Möglichkeit sollten Sie in einer Sitzung eine ganze Geschichte vorlesen lassen. Wenn ein Schüler das noch nicht schafft, versuchen Sie, die Menge des Gelesenen allmählich zu steigern.

Wie der Schüler die Geschichten vorliest, sollten Sie davon abhängig machen, wie er mit dem Lesen schon fortgeschritten ist.

- Wenn ein Schüler sich mit dem Lesen noch sehr schwertut, sollte er die Wörter mit kleinen Silbenpausen vorlesen. Zu diesem Zweck sind bei den schwer zu lesenden Wörtern die Silben markiert.
  Außerdem sollte der Schüler zusätzlich bei den grauen Punkten kleine Pausen einlegen. Diese Punkte kennzeichnen Sinneinheiten. Die Pausen bei den Punkten helfen dem Schüler, den Text zu verstehen.
- Wenn ein Schüler schon flüssig (in Silben oder auch ohne Silbenpausen) lesen kann, aber noch Probleme mit dem Textverstehen hat, liest er die Geschichte normal (also ohne Silbenpausen) vor. Jedoch legt er zum besseren Textverstehen bei den grauen Punkten kurze Pausen ein.
- Kann ein Schüler schon flüssig ohne Silbenpausen lesen und hat er keine Probleme mit dem Textverstehen, so liest er die Geschichten ganz normal vor.

Hintergrundinformationen und wissenschaftliche Erkenntnisse

1 Einleitung*
Das aus der schulpsychologischen Beratung heraus entwickelte Programm *Flüssig lesen lernen* deckt mit mehreren Heften, die unabhängig voneinander eingesetzt werden können, den Zeitraum von Mitte der ersten bis einschließlich der vierten Klasse ab.

Die Erfahrung zeigt, dass die Förderung leseschwacher Schüler von der Schule allein, selbst bei sehr guter Ausstattung, nicht geleistet werden kann. Deshalb gibt es *Flüssig lesen lernen* in zwei Fassungen: eine für die Schule und eine für das Üben zu Hause. Die Inhalte sind identisch, aber die Übungsformen unterscheiden sich. Die Arbeit in der Schule und das Üben zu Hause können parallel verlaufen, die beiden Versionen können aber auch unabhängig voneinander eingesetzt werden. Eine Vorläuferversion des vorliegenden Programms ist mit sehr gutem Erfolg in einer wissenschaftlichen Studie evaluiert worden (vgl. Huemer, Pointner & Landerl, 2009).

Es gibt viele Hinweise darauf, dass sich bei der Förderung leseschwacher Schüler ein Vorgehen empfiehlt, das sehr strukturiert ist und bei dem in kleinen Schritten vorgegangen wird. Dabei ist die Segmentierung von Wörtern von besonderer Wichtigkeit.

2 Segmentierung in Silben
Eine Möglichkeit, Wörter zu unterteilen, besteht in der Segmentierung in Silben. In einem sehr erfolgreichen Programm von Scheerer-Neumann (1981) lernten die Schüler, Wörter beim Lesen in Silben zu segmentieren.

Weitere Studien (z. B. Olsen & Wise, 1992) bestätigen den Befund von Scheerer-Neumann. Beim Silbentraining scheinen unterschiedliche Variationen bei den Übungen erfolgreich zu sein.

3 Segmentierung von Silben
Auch die Untergliederung unterhalb der Silbenebene ist hilfreich. Im Deutschen besteht jede Silbe mindestens aus einem vokalischen Zentrum. Vor und hinter dem vokalischen Zentrum kann ein Konsonant oder eine Konsonantengruppe stehen.
Beispiele: B/a/nk, schn/e/ll, a/lt, bl/au

Dass ein rasches Erfassen von Einheiten unterhalb der Silbenebene für deutschsprachige Schüler hilfreich sein kann, erscheint sehr plausibel. In der deutschen Sprache gibt es kaum mehr als etwa 30 konsonantische Silbenanfänge mit mehr als einem Buchstaben. Am Silbenende ist die Zahl der Konsonantenkombinationen zwar deutlich größer, sie ist aber immer noch überschaubar.

Eine weitere Regelmäßigkeit unterhalb der Silbenebene besteht im Deutschen darin, dass die Positionen der Konsonantenverbindungen eine große Regelmäßigkeit aufweisen. Von den etwa 30 Konsonantenkombinationen am Silbenanfang kann lediglich eine („st") auch am Silbenende stehen. Alle anderen (z. B. „bl", „br", „schm") kommen ausschließlich am Silbenanfang vor. Die Positionen der Konsonantenhäufungen am Silbenende gehorchen einer entsprechenden Gesetzmäßigkeit.

---

* Der vorliegende Text ist eine stark gekürzte Fassung des folgenden Artikels: Tacke, G. (2011): Ein umfassendes Konzept zur schulischen und häuslichen Lese- Rechtschreibförderung von Klasse 1 bis in die Sekundarstufe (S. 135–164). In: G. Schulte-Körne (Hrsg.), Legasthenie und Dyskalkulie: Stärken erkennen – Stärken fördern. Bochum: Winkler.

Weitere Forschungsergebnisse (z. B. van den Bosch, van Bon & Schreuder, 1995) zeigen, dass die Lesegeschwindigkeit ansteigt, wenn man die Schüler dazu bringt, schneller zu lesen, als sie es sonst tun.

Eine Ergänzung zum vorliegenden Heft bietet eine Software, bei der die Schüler Buchstaben, Wörter und Sätze lesen, die nur kurzzeitig aufblitzen. Dadurch werden die Schüler veranlasst, schneller zu lesen, als sie es sonst tun (www.lesikus.com).

Im vorliegenden Programm und in der Software werden die erwähnten Forschungsergebnisse aufgenommen.
Das Programm schließt mit drei Kindergeschichten ab. Ihr Layout knüpft an die vorausgegangenen Übungen an und erleichtert dadurch das Lesen.

4 Literatur

Huemer, S., Pointner, A. & Landerl, K. (2009). Evidenzbasierte LRS-Förderung. Bericht über die wissenschaftlich überprüfte Wirksamkeit von Programmen und Komponenten, die in der LRS-Förderung zum Einsatz kommen. Bundesministerium für Unterricht, Kunst und Kultur in Österreich. (http://www.schulpsychologie.at/fileadmin/upload/lrs_evidenzbasierte_foerderung_web.pdf)

Olson, R. & Wise, B. (1992). Reading on the computer with orthographic and speech feedback. Reading and Writing: An Interdisciplinary Approach, 4, 107–144.

Scheerer-Neumann, G. (1981). The utilization of intraword structure in poor readers: Experimental evidence and a training program. Psychological Research, 43, 155–178.

van den Bosch, K., van Bon, W. H. J. & Schreuder, R. (1995). Poor readers' decoding skills: Effects of training with limited exposure duration. Reading Research Quarterly, 30, 110–125.

Flüssig lesen lernen 4

ISBN 978-3-12-**006645**-3

9 783120 066453

30 Eine kleine Geschichte

Pauls Vater • züchtet **Brieftauben**. • Hoch oben • unter dem Dach • hat er • einen **Taubenschlag** gebaut. • Jeden Tag • klettert Herr Bauer • zu seinen Tieren • unter das Dach. • Er schaut • nach den Tauben • und gibt ihnen • Futter.

Manchmal müssen • einige Tauben • **eingefangen** werden. • Dabei darf Paul • seinem Vater helfen. • Die Tauben • bekommen dann • einen Ring um • ihren Fuß.

Samstags lädt • Herr Bauer • seine Tiere • in seinen Wagen. • Er fährt mit ihnen • weit weg. • Viele **Kilometer** • von zu Hause • trifft er sich • mit anderen **Taubenzüchtern**.

Alle lassen • dann **gleichzeitig** • ihre Vögel frei. • Die Tiere fliegen • in einem dichten Schwarm auf. • Jede Taube • macht sich danach • auf den Weg • nach Hause.

Oft **erreichen** • Herrn Bauers Tiere • als Erste • ihren **Taubenschlag**. • Pauls Vater • ist dann • ganz glücklich. • **Meistens** lädt er • seinen Sohn deshalb • zu einem Eis ein.

31 Silben und Wörter

S p i e l w a r e n l a d e n　　K a r t o f f e l s a l a t

h e r a u s h o l e n　　B a n d e n m i t g l i e d e r

a n g e n e h m　　G e b r a u c h s a n w e i s u n g

T r e p p e n g e l ä n d e r　　g l a t t g e b ü g e l t

Becher, krachen, Fische, auslöschen

32 Wörter schreiben

abwaschen

aussuchen

Pfirsiche

Saftflasche

33 Das Silbenrennen

Pingsamheit	Zaufgricher	bekneizen	Schramonife
Sprumenate	glissverloten	Nillöperung	begeunifen
beknulfigen	Framenknipf	Plufgarke	Kritterbol
Kichenklupp	eingepleuten	Beflindung	Flömzauter
Geknuchte	Nauptknerf	entkrogen	Feisterblur
ausknorren	Juhrgrinte	Hänsefrunt	Kausenglat
aufprauzen	Schrielpust	Geschroft	kreufölls

Fehler: ....

Lesezeit: ....

34 Wo ist die Silbe?

ver	1	2	3	4	5
wehr	1	2	3	4	5
gel	1	2	3	4	5
fen	1	2	3	4	5
scha	1	2	3	4	5
di	1	2	3	4	5
stür	1	2	3	4	5

schla	1	2	3	4	5
um	1	2	3	4	5
er	1	2	3	4	5
ver	1	2	3	4	5
ar	1	2	3	4	5
ni	1	2	3	4	5
den	1	2	3	4	5

35 Sätze mit erfundenen Wörtern lesen

1. Knariz larrt mit einer Plogel die Schoper ab.
2. Die Flinker prohlen Trimpen.
3. Noch der Urkeit weren die Stränke schnodel.
4. Pfirne leuben in Griesen.
5. Die Grulke seipen honger der Hieren her.
6. Nurgen in der Freite miss och neuch die Blitte flausen.
7. Er hoste kreitul eif anem Gleiner
8. In dem Morgel traufen die Schnare gicke Straumen.
9. Wir knögen alger im Schnott.

Kapitel 6: **Spannende Geschichten**

Der Leopard

„Niko, komm her!“, • ruft Kira.

Sofort läuft • der kleine Leopard • zu dem Mädchen.

Kira ist • die Tochter • eines **Wildhüters** • in Afrika. • Die Mutter • des Leoparden • ist von **Wilderern** • **erschossen** worden. • Kira und • ihr Vater haben • das kleine Tier • in der Steppe gefunden. • Das Mädchen • hat ihm • den Namen • Niko gegeben. • Sie will • ihn aufziehen, • bis er • **erwachsen** ist. • Dann soll • er wieder • in die **Wildnis** • **entlassen** werden.

Kira streichelt • den Leoparden • am Kopf. • „Du bist • ein lieber Junge“, • sagt sie • zu ihm.

Die beiden • spielen fast • den ganzen Tag **miteinander**. • Niko tollt herum • wie eine Katze.

Einige Monate vergehen. • Bald ist Niko • schon fast • erwachsen geworden. • Kiras Vater • hat ihm **beigebracht** • zu jagen. • Und so • wird Niko • auch für Menschen • immer **gefährlicher**.

Schließlich sagt • Kiras Vater: • „Niko muss hinaus • in die Steppe.“

„Kann er • nicht noch • ein bisschen bleiben?“, • bettelt Kira. • „Er tut doch • keinem etwas.“

„Na gut“, • meint Kiras Vater. • „Aber lange • können wir • nicht mehr warten.“

Einige Zeit vergeht. • **Schließlich** ist Niko • groß und stark. • Er kann • nicht mehr bleiben.

Kiras Vater • geht mit ihm • hinaus in die Steppe. • Weit draußen • gibt er ihm • einen Klaps • und ruft: • „Lauf, Niko, lauf!“

Der Leopard • schaut sich um. • Er zögert. • Aber dann • läuft er los.

Nicht weit entfernt • stehen zwei Männer • hinter einem dichten Busch. • „Den schnappen • wir uns“, • sagt einer • der Männer. • „Und dann • verkaufen wir ihn • an einen Zirkus.“

Einige Monate später • fährt Kira • mit ihrem Vater • in eine Hafenstadt. • Die beiden • wollen Verwandte • vom Schiff abholen. • Sie warten • im Hafen.

Jetzt legt • das Schiff an. • Kira entdeckt • ihre Tante • und ihren Onkel. • Ganz aufgeregt • winkt sie • den beiden zu.

Bald dürfen • die Fahrgäste • das Schiff verlassen. • Gleichzeitig hebt • ein riesiger Kran • Kisten auf das Schiff hinauf.

Plötzlich reißt • ein Seil. • Eine Kiste • kracht zu Boden • und zerbricht. • Zum Glück wird • niemand verletzt.

Auf einmal wird • in den Trümmern • der Kiste • ein Leopard sichtbar. • Er brüllt wütend • und kriecht • unter den Brettern hervor.

Voller Angst rennen • die Menschen weg. • Nur ein Junge stolpert. • Er bleibt schreiend • auf dem Boden liegen.

Mit einem Satz ist • der Leopard • bei ihm. • Der Junge • hört auf • zu schreien.

Plötzlich ruft Kira: • „Niko, komm her!“

Der Leopard • hebt den Kopf. • Er schaut • zu Kira herüber. • Doch gleich darauf • wendet er • sich wieder • dem Jungen zu.

„Niko!“, • schreit Kira • noch einmal.

Langsam geht • das Mädchen • auf den Leoparden zu.

Das Tier • dreht sich • wild fauchend um.

Kiras Vater tritt • einen Schritt • nach vorn.

Der Leopard • brüllt erneut.

Der Wildhüter • bleibt stehen.

„Niko“, • sagt Kira jetzt • ganz ruhig, • „du kennst • mich doch. • Warte, • ich komme • zu dir.“

Ganz langsam • geht Kira weiter • auf den Leoparden zu.

Der Junge • fängt an • zu wimmern.

Nun wendet sich • der Leopard wieder • dem Jungen zu.

„Sei still!“, • zischt Kira.

Der Junge gehorcht.

Kira geht weiter. • Jetzt ist sie • bei dem Leoparden **angelangt**.

Ein Stöhnen • geht durch • die Menge. • Eine Frau **unterdrückt** • einen Schrei.

Kira legt • ihre Hand • auf Nikos Kopf. • Sie streichelt • den Leoparden.

Die Katze • fängt an • zu knurren. • Sie leckt • Kiras Gesicht ab.

Voller Freude • umarmt das Mädchen • ihren früheren **Spielgefährten**.

Inzwischen sind • einige **Hafenarbeiter** • mit einem Käfig • herbeigekommen. • Kira redet • Niko zu, • bis er sich • von ihr • in den Käfig • führen lässt.

Der Vater • des Jungen • steht ganz • in der Nähe. • Vor Angst • und Schreck • war er unfähig, • sich von • der Stelle • zu bewegen. • Doch nun • stürzt er herbei. • Er hebt • seinen Sohn auf.

„Wie sollen • wir dir • nur danken“, • sagt er • zu Kira. • Immer wieder • drückt er • ihre kleine, schwarze Hand.

Mein Hund ist schlauer als deiner

Gesine geht • mit ihrem Hund **spazieren**. • Auf einer Wiese • neben einem Fluss • lässt sie • Lumpi frei. • Voller Freude • läuft der Hund • hin und her.

Nach einiger Zeit kommt • Gesines Freund Ramon herbei. • Auch er • hat einen Hund. • Das Tier • heißt **Professor**. • Ramon hat ihn • vor Kurzem • zum **Geburtstag** • geschenkt bekommen.

Die beiden Kinder • **begrüßen** sich. • Ramon ist • ganz stolz • auf seinen Hund.

„Weißt du schon“, • sagt er • zu Gesine, • „dass mein **Professor** • der **schlauste** Hund • auf der Welt ist?“

„Das ist • doch Quatsch“, • antwortet Gesine. • „Dein Hund heißt • doch bloß **Professor**. • Mein Lumpi • ist bestimmt • schlauer als er.“

„Das kann • man ja • leicht **nachprüfen**“, • meint Ramon.

Er pfeift • seinen Hund herbei. • Dann hebt er • ein **Stöckchen** auf • und wirft • es weg.

„Hol das **Stöckchen**!“, • sagt er • zu seinem **Professor**.

Der Hund spitzt • die Ohren. • Dann rennt • er los. • Nach kurzer Zeit • kehrt er • mit dem **Stöckchen** zurück.

„Das kann • mein Lumpi • schon lange“, • lacht Gesine.

Sie ruft • ihren Hund herbei. • Dann wirft • sie **ebenfalls** • ein **Stöckchen** weg.

Lumpi rennt los • und holt • das **Stöckchen**.

„Na siehst du“, • sagt Gesine • zu Ramon.

„Jetzt kommt etwas, • das kann • dein Lumpi • bestimmt nicht“, • ruft Ramon.

Der Junge hebt • mehrere **Stöckchen** auf. • Dann zieht er • ein paar **Bindfäden** • aus seiner **Hosentasche**. • Mit den Fäden • bindet er • die **Stöckchen** • zu einem Reifen zusammen.

Nun hält er • den Reifen • etwa einen Meter • über den Boden. • Er pfeift • und sein Hund springt • mit einem Satz • durch den Reifen.

„Das hast • du ihm • extra **beigebracht**“, • sagt Gesine. • „Morgen kann • mein Lumpi • das auch.“

„Das werden wir • ja sehen“, • meint Ramon.

Eilig läuft Gesine • nach Hause. • Dort fängt • sie an, • mit Lumpi • zu üben. • Sie holt • einen Reifen • und hält ihn • in die Luft.

„Los, spring!“, • ruft Gesine.

Aber Lumpi • bewegt sich nicht. • Er bleibt • einfach liegen.

„Vielleicht ist • das Springen • zu viel • auf einmal“, • denkt Gesine.

Sie holt • ein Stück Wurst. • Dann hält sie • den Reifen • direkt vor • Lumpis Nase. • Hinter dem Reifen • hält sie • die Wurst • in der Luft.

Jetzt steht • Lumpi auf. • Er bewegt sich • durch den Reifen. • Und dann • frisst er • die Wurst.

Gesine ist • ganz begeistert. • „Und jetzt • das Ganze nochmal!“, • ruft sie.

Aber Lumpi denkt • gar nicht daran.

Jetzt kommt • Gesines große Schwester Anne • ins Zimmer. • „Was soll das • denn werden?“, • fragt sie.

Gesine erklärt • es ihr. • Aber Anne ist • gar nicht **begeistert**. • „Das Springen • durch einen Reifen • hat doch nichts • mit **Schlauheit** zu tun“, • meint sie. • „Wenn ihr • die Schlauheit • testen wollt, • müsst ihr etwas • ganz anderes machen.“

„Und was?“, • fragt Gesine.

„Stell dir mal • **Folgendes** vor“, • **antwortet** Anne. • „Du bist • in einem Zimmer, • das eine Tür • zum Garten hat. • Du wirfst • einen Stock • in den Garten. • Lumpi läuft • in den Garten, • um ihn • zu holen. • Nun schließt du • die Tür • zum Garten • ein Stück. • Die Tür • ist nun • nur noch • einen Spalt geöffnet. • Der Spalt • ist schmaler • als der Stock • lang ist. • Nun rennt Lumpi • mit dem Stock • im Maul herbei. • Er kommt • aber nicht • durch die Tür. • Denn der Stock • ist zu lang. • Was muss • Lumpi tun, • damit er durch • den **Türspalt** kommt?“

„Er muss • seinen Kopf • zur Seite drehen“, • antwortet Gesine.

„Genau“, • sagt Anne. • „Aber um • darauf zu kommen, • muss er • denken können.“

„Das **probieren** wir • gleich aus“, • ruft Gesine.

Sie holt • einen Stock • und wirft ihn • in den Garten. • Lumpi rennt • hinter dem Stock her. • Gesine schließt • die Tür • bis auf • einen **schmalen** Spalt. • Lumpi schnappt • den Stock • und läuft • zum Haus zurück. • Vor der Tür • zum Garten • bleibt er stehen.

„Jetzt wird • es **spannend**“, • flüstert Gesine.

Doch Lumpi lässt • den Stock fallen • und legt • sich hin.

„Dann **probieren** wir • es morgen • mit dem **Professor** aus“, • sagt Gesine.

Uns kann niemand helfen

Teil 1

Lino ist · auf dem Weg · zu seiner Tante. · Sie wohnt · am Ende · eines engen Tals.

An einer Kreuzung · kommt ihm · ein altmodisches Auto entgegen. · Direkt neben ihm · hält es. · Ein Mann · beugt sich · aus dem Fenster. · Er fragt: · „Wo willst du · denn hin, Junge?“

Lino sagt · es ihm.

Der Mann zeigt · auf einen schmalen Weg. · Dann meint er: · „Geh doch · dort lang. · Das ist · der kürzeste Weg.“

Lino schaut • sich um. • Den Weg • kennt er • gar nicht. • Er führt • zu einem Wald. • Auch den • hat der Junge • noch nie gesehen. • Trotzdem macht • er sich • auf den Weg • zum Wald.

Unterwegs denkt er: • „Der Kerl • sieht aber • komisch aus. • Er hat • einen ganz merkwürdigen Kopf. • Seine Haare • sehen aus • wie dünne Zweige."

Lino dreht • sich um. • Er möchte • dem Mann • noch einmal zuwinken. • Doch das Auto • ist verschwunden.

Nach einiger Zeit • ist Lino • im Wald angelangt. • Bald kommt er • an einen dicken Baum.

„Komisch", denkt Lino, • „der Baumstamm • sieht aus • wie ein langes Gesicht." • Zum Spaß • ruft der Junge: • „Hallo Baum, • wie geht's?"

„Gar nicht gut", • sagt eine Stimme.

Erschrocken schaut Lino • sich um. • Aber niemand ist • zu sehen.

„Wer hat • da geredet?", • fragt Lino • mit zitternder Stimme.

„Na ich", • antwortet die Stimme, • „ich, der Baum."

Lino starrt • den Baum an. • Er traut • seinen Augen nicht. • Am Stamm • des Baumes • hat sich • etwas bewegt. • Es war • die Stelle, • die aussieht • wie ein Mund.

„Wieso kannst • du sprechen?", • stottert Lino.

„Wieso nicht?", • antwortet der Baum. • „Du kannst • doch auch sprechen."

Lino weiß nicht, • was er • darauf sagen soll. • Doch schließlich • fragt er: • „Und warum • geht es dir • nicht gut?"

„Ach, es ist • so traurig", • klagt der Baum.

„Und was ist • so traurig?", • fragt Lino. • „Vielleicht kann ich • dir helfen."

„Uns kann • niemand helfen“, • antwortet der Baum.

Lino geht weiter. • Bald hört er • in einem Busch • etwas rascheln. • Gleich darauf • springt ein Hase • auf den Weg.

Voller Staunen • sieht Lino, • dass er Tränen • in den Augen hat.

„Oje, oje“, • jammert der Hase, • „die arme Jasmin, • was soll nur • aus ihr werden?“

„Was fehlt • ihr denn?“, • fragt Lino. • „Vielleicht kann ich • ihr helfen.“

„Uns kann • niemand helfen“, • sagt der Hase • ganz traurig. • Dann **verschwindet** er • wieder im **Gebüsch**.

Lino geht weiter. • Bald kommt er • an eine Hütte. • Vor der Tür sitzt • eine alte Frau. • Sie jammert • und stöhnt.

„Was fehlt • Ihnen denn?“, • fragt Lino.

„Ach, die arme Jasmin!“, • **antwortet** die Frau. • „Es ist alles • so traurig.“

„Kann ich Ihnen • **irgendwie** helfen?“, • erkundigt sich Lino.

„Nein“, • sagt die Frau, • „uns kann • niemand helfen.“

„Ich kann es • doch mal versuchen“, • meint der Junge.

„Uns kann • niemand helfen“, • sagt die alte Frau, • „**höchstens** jemand • aus der anderen Welt.“

„Aus welcher Welt?“, • will Lino wissen.

„Wo die Kinder • jeden Tag • zur Schule gehen“, • erklärt die Frau.

„Aber ich bin • aus der anderen Welt“, • ruft Lino. • „Und warum • kann nur jemand • aus der anderen Welt • Jasmin helfen?“

„Er muss wissen“, • sagt die Frau, • „was vor • vielen **Millionen** Jahren • auf der Erde • **geschehen** ist.“

Lino merkt, • dass die Frau • nichts weiter • sagen will. • Also geht er weiter.

Es dauert • nicht lange, • bis er • an eine **Lichtung** kommt. • In der Mitte • der **Lichtung** liegt • ein großer Stein. • Darauf steht etwas. • Gespannt geht Lino • auf den Stein zu.

Er kann • kaum glauben, • was er sieht. • Auf dem Stein steht • ein alter **Fernsehapparat**.

Lino schaltet • das Gerät ein. • Sofort erscheint • ein Bild • mit einem Mädchen. • Es lächelt • und winkt • Lino zu.

„Hallo!“, • sagt das Mädchen.

„Hallo, hallo“, • stottert Lino, • „wer bist du?“

„Ich bin Jasmin“, • erwidert das Mädchen.

Uns kann niemand helfen

Teil 2

Lino ist • in einem merkwürdigen Wald. • Ein Baum, • der sprechen kann, • ist ganz traurig. • Lino wollte • ihm helfen. • Aber der Baum • hat gesagt: • „Uns kann • niemand helfen.“

Dann hat Lino • einen Hasen getroffen. • Auch der • kann sprechen. • Von dem Hasen • hat Lino • etwas Neues erfahren. • Es geht • um ein Mädchen. • Es heißt Jasmin.

Später traf Lino • eine alte Frau. • Sie hat gesagt: • „Uns kann • nur jemand • aus der anderen Welt helfen.“ • Sie meint • die Welt, • in der die Kinder • jeden Tag • zur Schule gehen.

Danach fand Lino • auf einer Lichtung • einen Fernsehapparat. • Auf dem Bildschirm • erschien ein Mädchen. • Es sagte • zu Lino: • „Ich bin Jasmin.“

Lino fragt: • „Warum sprichst du • nicht direkt • mit mir?“

„Ich bin • in einem Film“, • antwortet Jasmin. • „Man hat mich • in einen Film **eingesperrt**.“

Jetzt ist • das **Fernsehbild** • mit Jasmin **verschwunden**. • Ein anderer Film erscheint. • Drei Kinder sitzen • an einem Feuer. • Sie braten Würste.

Lino tippt • mit seinem Finger • auf den **Bildschirm.** • Plötzlich steht er • neben dem Feuer • mit den Kindern. • Ein Junge • schaut ihn an • und ruft: • „Das ist er. • Wir **schnappen** ihn.“

„Was wollt ihr • von mir?“, • ruft Lino.

„Das wirst du • schon sehen“, • brüllt der Junge.

Die drei Kinder • stürzen sich • auf Lino. • Er will wegrennen. • Doch er stolpert • und fällt hin.

Die Kinder • werfen sich • auf ihn. • Ein Mädchen • kratzt ihn.

„Ich glaube, • ich bin • im falschen Film“, • denkt Lino.

Auf einmal • steht er wieder • auf der Lichtung • neben dem Fernsehgerät.

Auf dem Bildschirm • erscheint nun wieder • ein anderer Film. • Man sieht • einen See • und daneben • einige Bäume.

Lino tippt erneut • mit dem Finger • auf den Bildschirm. • Plötzlich sitzt er • am Ufer • des Sees. • Hinter sich • hört er • ein lautes Stampfen. • Er dreht • sich um.

Ein Saurier stampft • auf ihn zu. • Das Tier • ist hoch • wie ein Haus. • In seinem Maul • sieht man • riesige Zähne.

Lino ist starr • vor Schreck.

Der Saurier • kommt näher. • Unter seinen Füßen • bebt die Erde.

Lino kann sich • vor Angst • nicht von • der Stelle rühren.

Der Saurier • ist schon • ganz nah.

Da fällt • dem Jungen • etwas ein. • Er denkt: • „Ich bin bestimmt • im falschen Film.“ • Dann schließt er • die Augen.

Gleich darauf • öffnet er • sie wieder. • Aber er sitzt • noch immer • am See.

Der Saurier • hat Lino • fast erreicht.

Doch nun läuft • das riesige Tier • an Lino vorbei • und stürzt sich • in den See.

Mit zitternden Knien • versucht Lino aufzustehen. • Aber er schafft • es nicht.

Jetzt hört Lino • ein Surren • und Brummen. • Es kommt • von oben.

Der Junge schaut • zum Himmel auf. • Eine riesige Kugel • aus Feuer rast • auf die Erde zu.

„Das ist • ein **Meteorit**“, • schießt es Lino • durch den Kopf. • „Der ist • vor sechzig **Millionen** Jahren • mit der Erde **zusammengestoßen**.“

In diesem **Augenblick** • steht Lino wieder • auf der Lichtung • im Wald. • Jasmin kommt lächelnd • auf ihn zu.

„Du hast • mich gerettet“, • ruft sie. • Voller **Dankbarkeit** • umarmt sie • den Jungen.

Nun tauchen • am Rand • der **Lichtung** • Leute auf. • Sie rufen: • „Bravo, • ein Hoch • auf den **tapferen** Helden.“

Eine alte Frau kommt • auf Lino • und Jasmin zu. • Sie wird gestützt • von zwei Männern. • Der eine • sieht aus • wie ein alter Baum. • Und der andere hat • zwei **Vorderzähne** • wie ein Hase.

Die alte Frau • sagt zu Lino: • „Schnell, • du musst zurück • in die andere Welt. • Wir dürfen • keine Zeit verlieren.“

Lino schaut • Jasmin an • und sagt: • „Ich möchte lieber • hier bleiben.“

„Das geht nicht“, • sagt Jasmin. • „Du musst zurück • zur Kreuzung laufen. • Nur so • kannst du • mir helfen.“

Lino denkt • einen Moment nach. • Dann läuft er • zurück zur Kreuzung. • Dort schaut • er sich • noch einmal um. • Doch der Wald • ist **verschwunden**.

Wer war das?

Sechs Jungen • und sechs Mädchen • kommen von einem Ausritt zurück. • Es sind Ferien. • Alle zwölf Kinder • sind Gäste • auf einem Reiterhof.

Lukas lenkt • sein Pferd • direkt neben • einen Rollstuhl. • Sein Freund Paul • hilft ihm • beim Absteigen. • Denn Lukas • ist querschnittgelähmt. • Deswegen braucht er • einen Rollstuhl.

Die Kinder bringen • die Pferde • in den Stall. • Anschließend gibt es • etwas zu essen. • Und danach gehen • die Kinder • auf ihre Zimmer.

Lukas und Paul • gehen mit • in Julians Zimmer. • Die Jungen wollen • etwas besprechen.

Julian legt • seine Jacke • auf sein Bett. • **Plötzlich** sieht er • einen Zettel • auf seinem **Nachttisch**. • Er liest laut: • „Du gehörst nicht • zu uns. • **Verschwinde**, • sonst geht es • dir schlecht!“

„Was soll • das bedeuten?“, • fragt Lukas.

„Keine Ahnung“, • meint Julian.

„Jemand hat etwas • gegen dich“, • meint Paul, • „aber wer • und warum?“

„Keine Ahnung“, • **wiederholt** Julian. • „Ich kenne • hier niemand. • Euch beide • habe ich • ja auch • nicht gekannt.“

„Vielleicht ist • es nur • ein blöder Witz“, • sagt Lukas.

Am nächsten Tag wollen • die Mädchen • und Jungen • einen Bauernhof anschauen. • Mit ihrem Betreuer • machen sie sich • zu Fuß • auf den Weg. • Lukas wird • in seinem Rollstuhl abwechselnd • von den Kindern geschoben.

Auf dem Bauernhof • schauen sich • die Kinder zuerst • den Kuhstall an. • Neben dem Stall • ist eine Grube. • Sie ist • mit stinkender Jauche gefüllt. • Vor der Grube bleiben • die Kinder stehen.

Plötzlich fällt Julian • in die Grube. • Sofort ziehen • zwei Jungen • ihn wieder heraus.

Julian ist • vollkommen durchnässt • und er stinkt fürchterlich. • „Mich hat • jemand geschubst“, • ruft er.

„Wer war das?“, • ruft der Betreuer.

Niemand meldet sich.

„Wer hat gesehen, • wer es war?“, • fragt der Betreuer.

Wieder meldet • sich niemand.

„Jetzt ist Schluss • mit der Besichtigung“, • sagt der Betreuer • der Kinder. • „Ich erwarte, • dass sich • der Schuldige meldet.“

Wieder hebt niemand • die Hand.

Der Bauer • bringt Julian • ins Badezimmer. • Dort kann • der Junge duschen. • Es dauert lange, • bis er • den Gestank • losgeworden ist.

Nach der Dusche • bekommt Julian Kleidung • vom Sohn • des Bauern. • Anschließend geht es • wieder zurück • zum Reiterhof.

Julian, Lukas • und Paul • gehen auf Julians Zimmer. • „Morgen reise • ich ab“, • sagt Julian. • „Hier ist • es mir • zu gefährlich.“

„Dann hat • der Feigling • sein Ziel • ja erreicht“, • meint Lukas. • „Wir müssen versuchen, • den Schuldigen • zu finden.“

„Und wie • sollen wir • das anstellen?“, • fragt Julian.

„Wir müssen • uns eben • etwas einfallen lassen“, • brummt Lukas.

Die Jungen • denken nach. • Doch es • fällt ihnen • nichts ein.

Doch plötzlich • hat Lukas • eine Idee. • „Keiner hat gesehen, • wer es war“, • überlegt er. • „Aber viele • haben gesehen, • wer es • nicht war.“

„Was meinst • du damit?“, • fragt Paul.

„Wir müssen herausfinden, • wer wen • gesehen hat“, • antwortet Lukas. • „Wer gesehen • worden ist, • kommt als Täter • nicht in Frage.“

„Ich habe • Tim, Emre • und Laura gesehen“, • meint Paul.

„Und ich • Filippo und Lena“, • sagt Lukas.

„Das sind fünf • von neun“, • rechnet Julian aus. • „Und was ist • mit den Übrigen?“

„Da müssen wir • die anderen fragen“, • meint Lukas.

Sofort beginnen • die drei, • mit den anderen • zu reden. • Zum Schluss • bleiben noch • zwei Schüler übrig: • Felix Schulte • und Tobias Maurer.

„Einer von • den beiden • war es“, • meint Lukas, • „aber wer?“

Paul sagt • zu Julian: • „Vielleicht hat • der Täter • gar nichts • mit dir • zu tun. • Hast du • noch Geschwister?“

„Noch einen Bruder“, • antwortet Julian.

„Dann ruf • den doch • mal an“, • ruft Paul. • „Vielleicht kennt er • einen von • den beiden.“

Julian ruft • seinen Bruder an. • „Kennst du • einen Tobias Maurer?“, • fragt er ihn.

„Nee“, • sagt der Junge.

„Und kennst du • einen Felix Schulte?“, • fragt Julian.

„Na klar • kenne ich den“, • antwortet sein Bruder. • „Mit dem • gab es mal • eine fürchterliche Prügelei.“

Ein falscher Freund

Teil 1

„Wo hast • du denn • das ganze Zeug her?“, • erkundigt sich Luka.

„Billig gekauft“, • antwortet Frank.

„Und was • willst du • damit anfangen?“, • will Luka wissen.

„Ich verkaufe • den Kram wieder“, • sagt Frank. • „Damit verdiene ich • eine Menge Geld.“

Luka schaut • seinen Freund • verwundert an. • Frank ist erst • vierzehn Jahre alt. • Wozu handelt er • dann schon • mit Fahrradzubehör?

Die zwei Jungen • kennen sich erst • seit kurzer Zeit. • Franks Eltern sind • vor einigen Wochen • in die Straße gezogen, • in der • Luka wohnt. • Seitdem sind • die beiden • Freunde geworden.

Luka ist jünger • als Frank • und er bewundert • seinen neuen Freund. • Vor nichts • und niemand • hat Frank Angst. • Und er macht • immer das, • wozu er gerade • Lust hat.

Frank nimmt • einen Tacho • in die Hand. • „Schau dir • den an“, • sagt er. • „Er hat • einen Kilometerzähler • und er ist • so gut • wie neu.“

„Wirklich gut“, • meint Luka. • „So einen Tacho • will sich • ein Klassenkamerad von mir • bald kaufen.“

„Weißt du was?“, • sagt Frank. • „Ich gebe dir • den Tacho • für fünf Euro. • Und du • verkaufst ihn • für zehn Euro.“

Luka zögert. • Die Sache • kommt ihm • komisch vor. • Aber fünf Euro • kann er • gut gebrauchen. • Schließlich ist • er einverstanden.

Am nächsten Tag gehen • die beiden Freunde • in die Stadt. • Am Morgen • hat Luka • den Tacho verkauft. • Nun wollen • die beiden • ein Eis essen. • Sie setzen sich • in eine Eisdiele.

Nach einiger Zeit • kommt ein Junge • mit einem ganz neuen Fahrrad vorbei. • Er stellt es • auf der anderen Straßenseite ab, • ohne es abzuschließen.

„Jetzt pass • mal auf!“, • sagt Frank.

Er bezahlt • sein Eis. • Dann läuft er • auf die andere Straßenseite. • Neben dem Fahrrad • bleibt er stehen. Er schaut • sich um. • Niemand ist • zu sehen. • Frank steigt • auf das Rad • und fährt weg.

Erschrocken springt • Luka auf. • Was soll • das bedeuten? • Frank will • das Rad • doch nicht etwa stehlen.

Doch Frank kommt • nicht zurück. • Luka wartet • eine halbe Stunde. • Dann geht er • nach Hause.

Auf der Straße • kommt ihm Frank • schon entgegen.

„Bist du • verrückt geworden?“, • brüllt Luka • ihn an. • „Du bringst • das Fahrrad • sofort zurück.“

„Ich denke • nicht daran“, • sagt Frank.

„Du gemeiner Schuft“, • ruft Luka. • „Du hast • mich angelogen. • Du klaust Fahrräder • und verkaufst dann • die Einzelteile.

„Stimmt“, • grinst Frank.

„Aber nicht • mehr lange“, • sagt Luka. • „Ich werde nämlich • zur **Polizei** gehen.“

„Das wirst du • nicht tun“, • sagt Frank. • „**Schließlich** hast du • heute Morgen • einen **geklauten** Tacho verkauft.“

„Ich werde • der Polizei sagen, • dass du mir • den Tacho • verkauft hast“, • erwidert Luka.

„Wer soll • dir das glauben?“, • sagt Frank. • „Ich werde • alles **abstreiten**. • **Schließlich** hast du • den **geklauten** Tacho verkauft • und nicht ich.“

„Aber niemand • kann **beweisen**, • dass der Tacho • geklaut ist“, • erwidert Luka.

„Du **Schlauberger**“, • lacht Frank. • „Daran habe ich • natürlich gedacht. • Du kannst ruhig • zur **Polizei** gehen. • Die bekommt dann • von mir • einen Tipp, • wem das Fahrrad gehört.“

„Na und?“, • fragt Luka • ganz **verblüfft**.

„Der Tacho hat • auf der **Unterseite** • einen Kratzer. • Daran wird ihn • der Besitzer **wiedererkennen**.“

„Du gemeiner Schuft!“, • ruft Luka.

„Jetzt pass mal • gut auf“, • lacht Frank. • „Ich brauche jemand, • der mir • beim Klauen hilft. • Und das • bist du. • Wenn du • nicht mitmachst, • **verpfeife** ich dich • bei der Polizei.“

Luka schaut Frank • ratlos an.

Schließlich meint Frank: • „Morgen um drei Uhr • geht es los.“

Ganz **verzweifelt** • geht Luka • nach Hause. • Er überlegt • hin und her, • was er • tun kann. • Aber es • fällt ihm • nichts ein. • Seinen Eltern • kann er • die Geschichte • nicht erzählen. • Denn neulich • hat er ihnen • eine **Klassenarbeit verschwiegen**. • Seine Eltern sind • ganz wütend geworden. • Und seine Mutter • hat gerufen: • „Dir glaube ich • kein Wort mehr.“

Ein falscher Freund

Teil 2

Luka hat • seinen neuen Freund **bewundert**. • Frank hat Luka • einen Tacho • für fünf Euro verkauft. • Luka hat ihn • für zehn Euro **weiterverkauft**.

Am nächsten Tag • sind die beiden Jungen • in die Stadt gegangen. • Dabei hat Frank • ein Fahrrad **gestohlen**. • Luka wollte Frank • bei der **Polizei** anzeigen. Das war aber • nicht möglich. • Denn Frank • hat ihn • in der Hand. • Der Tacho, • den Luka • verkauft hat, • ist **gestohlen**. • Das kann • Frank beweisen. • Denn der Tacho hat • einen Kratzer.

Frank will, • dass Luka ihm • beim Stehlen hilft. • Und Luka • weiß nicht, • was er dagegen • **unternehmen** kann.

Am nächsten Tag • gehen die beiden Jungen• wieder in die Stadt. • Frank hat • eine schwere Tasche • bei sich. • Er hat Luka • ganz genau erklärt, • wie der **Diebstahl** • **ablaufen** soll.

In einer Seitenstraße • warten die beiden • auf eine günstige Gelegenheit. • Nach einiger Zeit • kommt ein Mann • mit einem fast neuen Fahrrad vorbei. • Vor einem Kino • stellt er • sein Rad ab. • Er sichert es • mit einer Kette. • Dann geht • er weg.

Frank geht • auf das Fahrrad zu. • Er schaut • sich um. • Niemand ist • zu sehen. • Blitzschnell holt Frank • eine riesige Kneifzange • aus der Tasche. • Damit knipst er • die Kette durch. • Sofort steckt er • die Zange wieder • in die Tasche • und geht weiter.

Das war • der erste Teil • von Franks Plan. • Zu Luka • hat er gesagt: • „Ich selber kann • mit dem Fahrrad • nicht wegfahren. • Wenn ich • mit der Zange • erwischt werde, • bin ich dran."

Nun kommt • der zweite Teil • des Plans. • Frank hat • zu ihm gesagt: • „Wenn du • mit dem Fahrrad • erwischt wirst, • macht das nichts. • Du sagst einfach, • dass du • das Rad • verwechselt hast."

Jetzt geht Luka • auf das Fahrrad zu. • Sein Herz schlägt • bis zum Hals • und seine Knie zittern.

Er schaut • sich um. • Niemand ist • zu sehen. • Jetzt springt er • auf das Rad • und fährt los.

In einem Park • hält er an. • „Ich muss mir • etwas überlegen", • denkt er.

Nach einer Weile • hat er • eine Idee. • Er fährt • mit dem Fahrrad • zurück • zu der Seitenstraße. • Dort stellt er • das Fahrrad wieder • vor dem Kino ab. • Dann rennt er • nach Hause.

Dort angekommen • holt er • sein Sparschwein hervor. • Er nimmt • so viel Geld heraus • wie er braucht. • Anschließend fährt er • mit seinem Fahrrad • zu seinem Klassenkameraden.

„Hallo Markus", • sagt er, • „hier hast du • dein Geld zurück. • Ich möchte • den Tacho wieder • zurückhaben."

Markus schaut Luka • erstaunt an. • Aber er • gibt ihm • den Tacho zurück.

Jetzt fährt • Luka wieder • in die Stadt. • Unterwegs wirft er • den Tacho • in ein Gebüsch.

In einem Fahrradgeschäft • kauft er • einen Tacho. • Der sieht • genauso aus • wie der gestohlene.

Nun radelt • der Junge wieder • nach Hause. • Auf der Straße • kommt ihm Frank • schon entgegen. • „Wo steckst • du denn?“, • schreit er • voller Wut. • „Ich habe dich • überall gesucht.“

„Tatsächlich?“, • grinst Luka.

„Dir wird • das Lachen • schon vergehen“, • brüllt Frank. • „Wo ist • das Fahrrad?“

„Welches Fahrrad?“, • fragt Luka lachend.

„Spiel nicht • den Ahnungslosen“, • ruft Frank. • „Sonst zeige • ich dich • bei der Polizei an.“

„Von mir aus“, • brummt Luka.

„Der Tacho • wird dir • den Hals brechen“, • sagt Frank.

„Was für • ein Tacho?“, • fragt Luka.

Frank wird • vor Wut • ganz weiß • im Gesicht. • „Das wirst du • noch bereuen“, • schreit er.

„Ach, du meinst • den Tacho, • den ich mir • gekauft habe“, • grinst Luka. • „Den habe • ich gestern • an meinen Klassenkameraden verkauft. • Aber vorhin • habe ich • ihn zurückgekauft. • Einen Kratzer • hat er • übrigens nicht.“

Frank bleibt • die Sprache weg. • Er ballt • die Fäuste. • Einen Augenblick • sieht es aus, • als ob • er sich • auf Luka stürzen will. • Doch dann • dreht er • sich um • und läuft weg.

Die kleine Amsel

Teil 1

„Schon wieder • so viele Hausaufgaben“, • denkt Jan. • Er gähnt.

„Fang endlich an!“, • hört er • seine Mutter rufen.

Jan stöhnt • und setzt sich • an seinen Schreibtisch. • Da fällt • sein Blick • aus dem Fenster. • Auf einem Baum • vor dem Haus • sitzen ein paar Amseln.

„Ein Vogel • müsste man sein“, • denkt Jan. • „Das wäre • ein schönes Leben.“

„Was hast du • denn heute auf?“, • ruft seine Mutter • aus der Küche.

Sie bekommt • keine Antwort.

„Redest du • nicht mehr • mit mir?“, • fragt sie **ärgerlich**.

Sie kommt • in Jans Zimmer.

Doch ihr Sohn • ist nicht da.

„Jan“, • ruft Frau Klein, • „lass den Unsinn • und komm her.“

Wieder keine Antwort.

Frau Klein schaut • im **Badezimmer** nach. • Aber auch dort • ist der Junge nicht.

„Nina“, • ruft Frau Klein, • „weißt du, • wo Jan ist?“

„Eben war • er noch • in seinem Zimmer“, • **antwortet** Nina. • Sie ist • Jans Schwester.

„Jetzt aber • nicht mehr“, • erwidert Frau Klein.

Die beiden schauen • in der ganzen Wohnung nach. • Aber nirgends • ist Jan • zu finden.

Auf einmal • hören sie • in Jans Zimmer • ein **Flattern**. • Rasch laufen • sie herbei.

Ein Vogel hüpft • auf dem Schrank herum. • Frau Klein geht • zum Fenster. • Sie öffnet es, • damit der Vogel • **hinausfliegen** kann.

Doch Nina schreit: • „Bitte nicht! • Das ist Jan. • Er hat sich • in eine Amsel **verwandelt**.“

„Rede doch nicht • so einen Unsinn!“, • sagt Frau Klein. • Sie reißt • das Fenster auf • und scheucht • den Vogel hinaus.

Die kleine Amsel • setzt sich • auf eine Mauer. • **Plötzlich** wird sie • von zwei Händen **gepackt**. • „Ich hab sie“, • ruft ein Junge.

„Lass sehen, Fred!“, • sagt ein anderer Junge.

Die kleine Amsel • **zappelt** und piepst. • Aber Fred • lässt sie • nicht los.

„Was sollen wir • mit dem Vogel **anfangen**?“, • fragt der andere Junge.

„Das wirst du • schon sehen, Emil“, • lacht Fred. • Er steckt • die kleine Amsel • in eine Schachtel. • Dann gehen • die beiden Jungen • auf ein **Gartenhäuschen** zu.

In einiger **Entfernung** • werden sie • von einem Mädchen **beobachtet**. • Es folgt • den zwei Jungen.

Die beiden **verschwinden** • in dem **Gartenhäuschen**. • Unter einem Stapel Kisten • zieht Fred • einen **Vogelkäfig** hervor. • Darin sperrt er • den Vogel ein.

Ganz traurig sitzt • die kleine Amsel • auf einer Stange. • Sie rührt • sich nicht • von der Stelle.

„Wir müssen Wasser • und ein paar Würmer **besorgen**“, • meint Emil. • „Dann wird sie • bestimmt munter.“

Die Jungen **verlassen** • das **Gartenhäuschen**. • Fred schließt • die Tür • mit einem **Vorhängeschloss** ab.

Ganz in der Nähe • wartet das Mädchen. • Es ist • Jans Schwester. • Jetzt schleicht • sie **vorsichtig** • in den Garten.

Nina schaut • durch ein Fenster • in das Häuschen hinein. • Mitten im Zimmer • erkennt sie • den **Vogelkäfig** • mit der kleinen Amsel.

Der Vogel • scheint Nina • zu erkennen. • **Jedenfalls flattert** er • **aufgeregt** hin und her.

Nina versucht, • die Tür • des **Gartenhäuschens** zu öffnen. • Aber es • geht nicht. • Das einzige Fenster • ist **vergittert**. • Nina rüttelt • am Gitter. • Aber es • nützt nichts.

Plötzlich kommen • die beiden Jungen zurück. • Schnell versteckt • sich Nina • hinter einem Busch.

Fred holt • den **Vogelkäfig** • aus dem Häuschen. • Er stellt ihn • auf einen **Gartentisch**. • Dann nimmt er • die Amsel • aus dem Käfig • und hält ihr • einen Wurm • vor den Schnabel. • Aber die Amsel • will nichts • von dem Wurm wissen.

„Das ist ja • ein **komischer** Vogel“, • meint Fred.

„Vielleicht hat • er Durst“, • überlegt Emil.

Fred steckt • die Amsel wieder • in den Käfig. • Jetzt holt er • aus dem Schuppen • ein Schälchen • mit Wasser. • Das Schälchen • schiebt er • in den Käfig.

Sofort springt • die Amsel herbei. • Ganz gierig • beginnt sie • zu trinken.

„Na also“, • brummt Emil.

Auf einmal • hört man • jemand nach • den Jungen rufen. • „Kommt her!“, • ruft eine Frau. • „Wir fahren • jetzt los.“

Fred bringt • den **Vogelkäfig** wieder • in das **Gartenhäuschen**. • Er schließt • die Tür ab. • Dann gehen • die beiden Jungen • wieder weg.

Die kleine Amsel

Teil 2

Jan sollte • seine Hausaufgaben machen. • Dabei hat • er gedacht: • „Ein Vogel • müsste man sein. • Das wäre • ein schönes Leben.“ • Kurz darauf war • er verschwunden.

An Jans Stelle • flatterte eine Amsel • in seinem Zimmer herum. • Jans Schwester Nina glaubt, • dass Jan sich • in den Vogel verwandelt hat.

Jans Mutter hat • die Amsel • nach draußen gescheucht. • Dort wurde sie • von zwei Jungen gefangen. • Sie brachten • den Vogel • in ein Gartenhäuschen. • Dort haben • sie ihn • in einen Vogelkäfig eingesperrt.

Nina ist • den beiden Jungen gefolgt. • Nach einiger Zeit • wurden die Jungen • von einer Frau gerufen. • Gleich darauf • sind sie weggegangen.

Nina läuft • zum Fenster • des Häuschens. • Sie schaut hindurch. • Die kleine Amsel • sitzt regungslos • auf der Stange • im Käfig.

Nina läuft • voller Unruhe • auf und ab. • Plötzlich beginnt sie • zu schnuppern. • Es riecht, • als ob es • brennen würde.

Das Mädchen läuft • um das Häuschen herum. • Aus einer Ritze • kommt Qualm. • Drinnen muss • es brennen.

Schnell läuft Nina • wieder zum Fenster. • Jetzt sieht sie • in einer Ecke • eine Flamme.

„Ich muss • etwas tun!“, • denkt Nina • voller Angst.

Sie nimmt • einen Stein • und zerschlägt • die Fensterscheibe. • So laut • sie kann, • ruft sie • in das Häuschen hinein: • „Jan, • du musst versuchen, • die Tür • des Käfigs aufzukriegen.“

Erst jetzt bemerkt • die Amsel, • dass es brennt. • Blind vor Angst • flattert sie • im Vogelkäfig herum.

„Jan“, schreit Nina, • „hör mir • doch zu!“

Jetzt klammert sich • die Amsel • mit den Füßen • am Gitter • des Käfigs fest.

„Du musst • die Käfigtür • mit dem Schnabel aufpicken“, • ruft Nina.

Sofort beginnt • die Amsel, wie wild • nach dem Riegel • zu picken. • Doch es • nützt nichts. • Der Käfig • bleibt verschlossen.

Das Feuer • breitet sich • immer mehr aus. • Nina läuft • zum Eingang • des Häuschens. • Die Tür • brennt schon. • So fest • sie kann, • tritt Nina dagegen. • Die Tür • gibt nach. • Mit einem Satz • springt Nina • in das Gartenhäuschen.

Sie sucht • den Vogelkäfig. • In dem dichten Qualm • kann sie • fast nichts sehen. • Ihre Augen beginnen • zu tränen.

Endlich hat sie • den Käfig gefunden. • Inzwischen brennt • das Häuschen lichterloh.

Es ist • jetzt unmöglich, • wieder nach draußen • zu kommen. • Nun kracht • auch noch • ein Teil • des Daches • zu Boden. • Durch das Loch • erkennt Nina • den blauen Himmel.

Schnell öffnet sie • den Käfig. • Die Amsel • hüpft heraus. • „Flieg weg!“, • ruft Nina. • Doch der kleine Vogel • gehorcht nicht.

Nina ist verzweifelt. • „Ach, wenn ich • doch auch • eine Amsel wäre“, • denkt sie.

In diesem Augenblick hält • vor dem Gartenhäuschen • ein Auto. • Die beiden Jungen • und eine Frau • springen heraus. • Sie sehen • gerade noch, • wie zwei Amseln • aus dem brennenden Häuschen • in die Luft aufsteigen.

Die beiden Vögel fliegen • zu dem Haus, • in dem Nina • und Jan wohnen. • Vor dem Fenster • von Jans Zimmer • lassen sie • sich nieder.

In der Wohnung • **erkennen** sie • Frau Klein. • Sie sitzt • auf einem Stuhl • und starrt traurig • vor sich hin.

Die zwei Amseln • **flattern aufgeregt** • vor dem Fenster herum. • Immer wieder • picken sie • gegen die Scheibe.

Frau Klein • schaut auf. • **Schließlich** geht sie • zum Fenster. • Sie will • die beiden Vögel **verscheuchen**. • Doch zu ihrer **Überraschung** • fliegen die Amseln • nicht weg.

„Vielleicht haben • die armen Tiere Hunger“, • überlegt Frau Klein. • Sie geht • in die Küche. • Dort holt sie • etwas **Vogelfutter** • aus dem Schrank. • Dabei denkt sie: • „Ach, wenn • die beiden Amseln • doch meine Kinder wären!“

In diesem Moment • hört sie • von draußen • ein lautes **Plumpsen**. • Sie läuft • in Jans Zimmer • und schaut • zum Fenster hinaus.

Auf dem Boden • vor dem Fenster • liegen Jan • und Nina.

„Kinder!“, • ruft Frau Klein **erschrocken** • und **gleichzeitig** • voller Freude. • „Seid ihr verletzt?“

„Nein, nein“, • brummen die beiden • und schauen • ihre Mutter • **verwundert** an.

Hintergrundinformationen und wissenschaftliche Erkenntnisse

1 Einleitung*

Das aus der schulpsychologischen Beratung heraus entwickelte Programm *Flüssig lesen lernen* deckt mit mehreren Heften, die unabhängig voneinander eingesetzt werden können, den Zeitraum von Mitte der ersten bis einschließlich fünfte Klasse ab.

Die Erfahrung zeigt, dass die Förderung leseschwacher Schüler von der Schule allein, selbst bei sehr guter Ausstattung, nicht geleistet werden kann. Deshalb gibt es *Flüssig lesen lernen* in zwei Fassungen: eine für die Schule und eine für das Üben zu Hause. Die Inhalte sind identisch, aber die Übungsformen unterscheiden sich. Die Arbeit in der Schule und das Üben zu Hause können parallel verlaufen, die beiden Versionen können aber auch unabhängig voneinander eingesetzt werden. Eine Vorläuferversion des vorliegenden Programms ist mit sehr gutem Erfolg in einer wissenschaftlichen Studie evaluiert worden (vgl. Huemer, Pointner & Landerl, 2009).

Es gibt viele Hinweise darauf, dass sich bei der Förderung leseschwacher Schüler ein Vorgehen empfiehlt, das sehr strukturiert ist und bei dem in kleinen Schritten vorgegangen wird. Dabei ist die Segmentierung von Wörtern von besonderer Wichtigkeit.

2 Segmentierung in Silben

Eine Möglichkeit, Wörter zu unterteilen, besteht in der Segmentierung in Silben. In einem sehr erfolgreichen Programm von Scheerer-Neumann (1981) lernten die Kinder, Wörter beim Lesen in Silben zu segmentieren.

Weitere Studien (z. B. Olsen & Wise, 1992) bestätigen den Befund von Scheerer-Neumann. Beim Silbentraining scheinen unterschiedliche Variationen bei den Übungen erfolgreich zu sein.

3 Segmentierung unterhalb der Silbengrenze

Auch die Untergliederung unterhalb der Silbenebene ist hilfreich. Im Deutschen besteht jede Silbe mindestens aus einem vokalischen Zentrum. Vor und hinter dem vokalischen Zentrum kann ein Konsonant oder eine Konsonantengruppe stehen. Beispiele: B/a/nk, schn/e/ll, a/lt, bl/au

Dass ein rasches Erfassen von Einheiten unterhalb der Silbenebene für deutschsprachige Schüler hilfreich sein kann, erscheint sehr plausibel. In der deutschen Sprache gibt es kaum mehr als etwa 30 konsonantische Silbenanfänge mit mehr als einem Buchstaben. Am Silbenende ist die Zahl der Konsonantenkombinationen zwar deutlich größer, sie ist aber immer noch überschaubar.

Eine weitere Regelmäßigkeit unterhalb der Silbenebene besteht im Deutschen darin, dass die Positionen der Konsonantenverbindungen eine große Regelmäßigkeit aufweisen. Von den etwa 30 Konsonantenkombinationen am Silbenanfang kann lediglich eine (st) auch am Silbenende stehen. Alle anderen (z. B. bl, br, schm) kommen ausschließlich am Silbenanfang vor. Die Positionen der Konsonantenhäufungen am Silbenende gehorchen einer entsprechenden Gesetzmäßigkeit.

Weitere Forschungsergebnisse (z. B. van den Bosch, van Bon & Schreuder, 1995) zeigen, dass die Lesegeschwindigkeit ansteigt, wenn man die Schüler dazu bringt, schneller zu lesen, als sie es sonst tun.

Eine Ergänzung zum vorliegenden Programm bietet eine Software, bei der die Schüler Buchstaben, Wörter und Sätze lesen, die nur kurzzeitig aufblitzen. Dadurch werden die Schüler veranlasst, schneller zu lesen, als sie es sonst tun (www.lesikus.com).

Im vorliegenden Programm und in der Software werden die erwähnten Forschungsergebnisse aufgenommen.

Das Heft schließt mit sechs spannenden Geschichten ab. Ihr Layout knüpft an die vorausgegangenen Übungen an und erleichtert dadurch das Lesen.

4 Literatur

Huemer, S., Pointner, A. & Landerl, K. (2009). Evidenzbasierte LRS-Förderung. Bericht über die wissenschaftlich überprüfte Wirksamkeit von Programmen und Komponenten, die in der LRS-Förderung zum Einsatz kommen. Bundesministerium für Unterricht, Kunst und Kultur in Österreich. (http://www.schulpsychologie.at/fileadmin/upload/lrs_evidenzbasierte_foerderung_web.pdf)

Olson, R. & Wise, B. (1992). Reading on the computer with orthographic and speech feedback. Reading and Writing: An Interdisciplinary Approach, 4, 107–144.

Scheerer-Neumann, G. (1981). The utilization of intraword structure in poor readers: Experimental evidence and a training program. Psychological Research, 43, 155–178.

van den Bosch, K., van Bon, W. H. J. & Schreuder, R. (1995). Poor readers' decoding skills: Effects of training with limited exposure duration. Reading Research Quarterly, 30, 110–125.

* Der vorliegende Text ist eine stark gekürzte Fassung des folgenden Artikels: Tacke, G. (2011): Ein umfassendes Konzept zur schulischen und häuslichen Lese-Rechtschreibförderung von Klasse 1 bis in die Sekundarstufe (S. 135–164). In: G. Schulte-Körne (Hrsg.): Legasthenie und Dyskalkulie: Stärken erkennen – Stärken fördern. Bochum: Winkler.